台湾记忆

——图说宝岛

民革中央联络部　编

团结出版社

图书在版编目（CIP）数据

台湾记忆：图说宝岛/民革中央联络部编. —北京：团结出版社，2009.8
ISBN 978 - 7 - 80214 - 869 - 7

Ⅰ. 台… Ⅱ. 民… Ⅲ. 台湾省 – 概况 – 画册 Ⅳ. K925.8 – 64

中国版本图书馆 CIP 数据核字（2009）第 130111 号

出 版：团结出版社
　　　　（北京市东城区东皇城根南街 84 号　邮编：100006）
电 话：（010）65228880　65244790（出版社）
　　　　（010）65238766　85113874　65133603（发行部）
　　　　（010）85113694（邮购）
网 址：http：//www. tjpress. com
Email：65244790@ 163. com（出版社）　65228880@ 163. com（投稿）
　　　　65133603@ 163. com（购书）
经 销：全国新华书店
印 刷：三河东方印刷厂
装 订：三河中门辛装订厂

开 本：236 × 236 毫米　1/12
印 张：12
字 数：86 千字　　插图本
版 次：2009 年 8 月　第 1 版
印 次：2009 年 8 月　第 1 次印刷

书 号：ISBN　978 – 7-80214-869-7/K · 534
定 价：48.00 元

序

民革中央副主席 修福金

　　为了出版这本展现大陆普通民众观察感受台湾的图册，我们策划了"台湾记忆——图说宝岛"征图征文活动。因为海峡两岸"大三通"多年未能实现，更因为大陆民众赴台湾旅游、探亲、商务活动及各项交流受到诸多的限制，能踏上台湾，亲眼目睹、亲耳聆听、亲身感受台湾及台湾同胞生活的大陆民众，实在是微乎其微，少之又少。同时，随着有关台湾的信息逐步成为大陆民众政治生活的重要方面，台湾已不仅是大陆民众历史的牵挂，也是现实的焦点。我们希望通过收集那些有缘亲赴台湾的同胞的美好记忆和美丽故事，以满足更多的大陆民众对台湾遥远的思念和亲近的渴望。

　　在中国的历史上，台湾是宝岛，它物产丰富，地处要枢；台湾是美丽岛，它风光秀美，景致怡人；台湾是进步岛，曾在17世纪开中国现代科技先河。然而，台湾也曾是孤岛，是痛苦岛，被西方和东方的殖民主义者强行割据，蹂躏践踏了数百年，留下了深刻的精神创伤。经历浴血抗争，挣脱了殖民统治枷锁的台湾，欢欣鼓舞投身祖国怀抱。可惜，20世纪40年代后期的中国内战，造成台湾与祖国大陆半个多世纪的对峙和分离，使两岸人民在深切地创痛中饱受煎熬。在两岸人民隔海相望的岁月里，台湾海峡曾是难以跨越的天堑，但是，天堑只能暂时阻断两岸人民的来往，却不能改变两岸人民共同拥有的历史，共同传承的文化，共同延续的血脉亲情。从1979年大陆发表《告台湾同胞书》至今30年了，从1987年台湾开放民众到大陆探亲至今也22年了，两岸的樊篱正在逐步地拆除，虽然过程曲曲折折，两岸民众往来之日渐频繁，联系之日趋密切，交流之日益活跃已成为不可逆转的大势。

　　两岸民心期盼以交流沟通化解歧见和隔膜由来已久，2300万台湾同胞不仅希望了解祖国大陆，也希望祖国大陆民众真正了解台湾，13亿大陆民众情同此心，随着两岸关系越来越深入，对台湾的关切也越来越深入。因应这种需求，我们策划"台湾记忆——图说宝岛"征图征文活动，目的在两岸互访不对等的情况下，让有机会亲历宝岛风采的人，将他们的经历和感受用照片和文字记录下来，供更多的人欣赏品味，从中了解台湾的民风、民情、民意。

"台湾记忆——图说宝岛"征图征文活动开始后即得到各地民革组织、广大民革党员和相当多社会人士的关注和支持，一张张珍贵的照片，一篇篇深情的文章源源不断地投寄过来。照片有新有旧，多数是数码相机还未流行时的作品，带着技术和视角的局限，有的更早，以黑白记录沧桑，已经是文献了。文章受千字规范，不能鸿篇巨制，于是各出心裁，以小见大，家族的离合悲喜，亲友的聚散寄情，风光的惊奇惊艳，风土的绘形绘色，讲究的是文字简洁，风格特异，我们读来是有滋有味，受益良多，本书容量有限，不能尽收，只能撷取其中各类中的代表以飨读者。

征文活动开展至今不过几个月的时间，两岸形势却有了巨大的变化，"大三通"彻底实现，赴台旅游取消限制，入岛观光在渴望已久的大陆民众中掀起热潮，给由于国际金融危机造成百业萧条的台湾经济注入了新的活力。4月中旬，我正在台湾参访，当时大陆游客赴台人数最高达到了日进7000人，已经超过了台湾旅游的接待能力。我们从阿里山、日月潭，到垦丁、高雄港，沿途所有的著名景点全是熙熙攘攘的人群，一片繁荣景象。走进那些土特产商店，人流涌动，架子上的货品转眼就拿空了，售卖货物的小姑娘们售货、补货忙得头都抬不起来，挂着汗水的笑脸喜气洋洋。国民党副主席蒋孝严和我们聊天的时候说："目前每天入岛观光的大陆同胞超过3000人，岛内各处景点、酒店多是大陆同胞，阿里山观光客已创60年来最高纪录，这些都极大地刺激了台湾经济。大陆同胞中有意愿、有能力来台湾观光的达几千万人，而台湾每年的接待能力充其量只有100万人。想想看，大陆同胞这种观光热潮会持续多少年？"他的这个说法早已见诸台湾主流媒体，相信也是大多数台湾同胞的认识和期盼，这种利在两岸的双赢局面真正体现了两岸同胞民意所指、民心所向。

随着海峡两岸人员的双向交流走上正轨，两岸民间交往越发轰轰烈烈，如火如荼，大陆民众更加深入全面地了解台湾是大势所趋。其实，征文活动到收尾的时候，来稿量越来越大，来稿的水平也越来越高，显然，精彩的还在后面。我认为，"台湾记忆——图说宝岛"这个主题还大有文章可做。

台湾风光集锦

具有中国式传统建筑风格，雄伟富丽堂皇的台北圆山大饭店

车水马龙的台北高架公路夜景

璀璨迷人的台北夜色

世界第一高楼——台北 101 大厦外景

线条简洁、传统
与现代风格相结合的
台北中山纪念堂

古朴典雅的台
湾历史博物馆

4

台北街景一瞥

台湾捷运淡
水车站外景

野柳奇石——蜂窝岩

野柳烛台石

地质奇观——台湾野柳

野柳蘑菇状的蕈状岩

野柳著名的"女王头",其雍
容华贵的形态,已成为台湾旅游业
的一张名片

静谧、清幽的阿里山

阿里山上好风光

阿里山上树龄逾 2000 年的红桧树

阅尽苍桑的玉山夫妻树

阿里山心形树根

阿里山挺拔笔直的红桧树　　　　　　有台湾的塞纳河之称的高雄爱河夜景

日月潭畔热爱山
地自行车运动的青少
年们

风光旖旎的日月潭

扣人心弦　神奇险峻的太鲁阁大峡谷

高山、纵谷、深峡是太鲁阁公园的
典型特貌特征

日月潭上的游艇

远眺台北基隆河

台湾东海岸的迷人景色

台南安平古堡炮台

台南安平古堡

台南鹿耳门禅寺

垦丁——热带滨海风光

驰名中外的台湾
水果——莲雾

阳光下的垦丁
犹如一幅美丽的油
画

垦丁海岸风光

夕阳西下的高雄西子湾

台湾最南端垦丁的海上奇石

目　　录

2

访谈篇

跨越海峡的思念

郑 建 邦

　　这帧照片是台湾退役将领刘立忠将军于 1989 年冬携全家来湖南家乡观光时赠送给我的。照片下端签着几个雄劲有力的钢笔字："建邦贤契世孙留念 孙立人刘立忠一九八九年十二月于长沙市"。照片上那位瘦削的老人，便是当年声名赫赫的抗日名将孙立人将军。

　　孙立人将军，字仲能，安徽庐江人，早年毕业于美国弗吉尼亚军校。"八·一三"淞沪抗战爆发，在税警总团任团长的孙将军率部与日军浴血奋战，身负重伤。1942 年春中国远征军入缅作战，他亲率新 38 师一团兵力冒死击溃日军第 33 师团主力，一举解救出被日军围困在仁安羌油田的英军第 1 师和 500 余名传教士及记者，创造了著名的"仁安羌大捷"，被英皇授予"英帝国司令"勋章，一时名震英伦三岛。

　　抗日战争后期，我的祖父郑洞国将军就任中国驻印军副总指挥，与时任中国驻印军新 1 军军长的孙将军共同参加并指挥了著名的缅北反攻战役，彼此结下了深厚的情谊。新中国成立后，祖父定居祖国大陆，而孙将军则于 1947 年奉调去了台湾，从此天各一方，再未谋面。岂知 20 世纪 50 年代中期，台湾当局以莫须有的罪名解除了孙将军的军职，并把他软禁了起来，使其失去人身自由达 33 年之久！1988 年，孙将军终获自由，其海内外故旧袍泽数千人为他祝贺九十华诞，在岛内曾轰动一时。

　　长期关注孙将军处境的祖父也托友人捎去衷心的祝福，并邀请孙将军方便时回祖国大陆看一看。不久，孙将军托友人捎话，表示一旦时机和健康许可，他想回家乡扫墓，并探望祖父等故旧亲朋。这位友人还带来几帧孙将军在台欢度九十寿辰的照片，另附有几帧孙将军年轻时的戎装照。祖父非常高兴，戴着老花镜端详再三，口中喃喃地说："人是老了，但样子没变。"孙将军也非常思念我的祖父，多次托人转达他的问候和祝愿。他曾对身边故旧表示："我一生最崇敬两位长官，一位是宋子文先生，一位是郑洞国将军。"其念旧深情，溢于言表。1990 年初，蒙孙将军亲笔复函给我。信中说："令祖为当代儒将，40 余年不见，积念至深，起居时幸为致意，立人敬爱之忱一如往日也。"

　　1990 年 11 月，孙立人将军在台中寓所溘然长逝。重病中的祖父闻此噩耗，极为悲痛，命我代拟唁电。唁电云："惊悉仲能将军病逝，至为痛悼。遥想当年鏖战缅北，痛歼日寇，共建殊勋。往事历历，至今难忘。近年来两岸往来日多，正待相见有期，讵料遽尔永诀，憾何似之！"两个多月后，祖父也在北京与世长辞。两位在抗日战场上生死与共的战友，经历了几十年跨越海峡的思念，却始终未能晤面，留下了永久的遗憾！

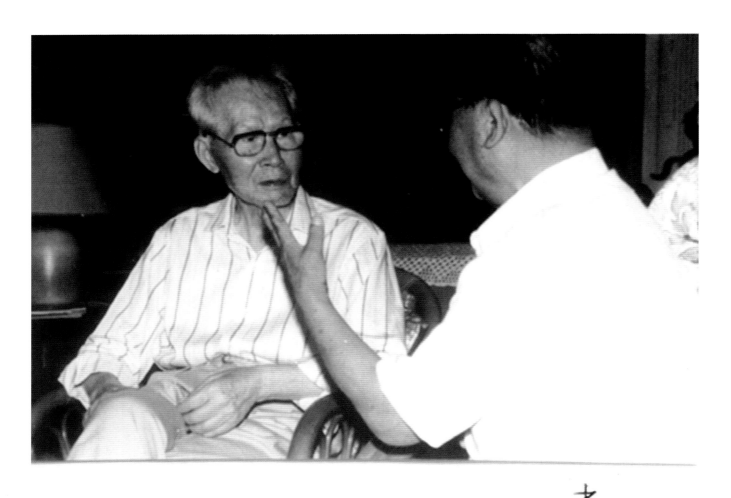

建邦嗯
理世孙
为念

孙立人

刘立忠

一九八九年
十有三日于
长少节

台湾退役将领刘立忠将军（图右）与孙立人将军

那一刻，我看见大哥站在巷口

谢雨辰

1994 年 2 月 28 日，我突然接到了台湾三哥打来的电话，母亲病危，要我速回台北。然而由于台当局的阻挠，没能即时成行。慈母是于当年 3 月 19 日含着遗憾的泪水走的。焦急如焚的我直到 2 个月后才拿到台湾入境批文，我与妻匆匆赶回台北后就直奔慈母墓地。身为人子却没能为慈母送终，这是我一生中最大的遗憾。

分离十年的兄弟紧紧地
拥抱在一起

从墓地回到台北时，我很意外地看见大哥站在巷口，慈母的去世及十年的两地分离，我们不由万分感慨，悲从中来，大哥紧紧拥抱着我，兄弟俩放声大哭一场……原来大哥一家人为慈母送完殡后就回美国加州了，后来听说我们被台湾当局最后放行，他竟再度跨越重洋返回台湾，为的就是想见见远在北京的四弟和弟媳。虽然我们兄弟俩远隔重洋身居两地，但手足亲情却是没有任何人为障碍可以阻隔的。

此时，已时隔十年未得见面的台湾亲友互相转告，乡情的温馨和亲切格外感人肺腑。在台湾逗留了 2 个月，所有能联系到的亲友几乎都得以见面。台湾电影业同行的热情也让我记忆尤深，应他们的要求，我把大陆影视情况和电影市场的发展以及电影观众的口味等情况逐一给台湾同行做了介绍，让我没有料到的是，自从我离开台湾后在大陆进行电影拍摄的情况，他们也都给予了相当大的关注，这让我非常感动。

在辜府做客

杨春霞

这张照片是 1994 年 10 月 2 日我在辜振甫先生府上和他老人家的合影。

1994 年 10 月，我随中国京剧院应台方邀请赴台演出，内容是以交响乐伴奏现代戏和传统戏的戏曲音乐会。

辜振甫先生和夫人都是酷爱京剧的老戏迷。我们的演出他们场场必到，辜先生和夫人还特别邀请我们到他们府上做客。到辜府后，辜振甫先生与夫人和我们在一起探讨京剧艺术，字斟句酌地研究着一段段的唱腔。辜先生还喜欢讲一些他们所知道的京剧界艺人的趣事，更

喜欢听我们讲述大陆京剧界的近况和京剧的发展，如排些什么戏，现代戏与传统剧目的异同等等。我们的乐队还为他们夫妇伴奏，让他们过了一把京剧瘾。辜振甫先生和夫人轮换着唱了一出又一出。说也奇怪，他们的嗓子似乎比我们这些专业的京剧演员还耐唱。

如今辜先生已经作古 3 年，每当看到与辜先生的这张照片，都会让我想到 10 多年前和辜先生一起笑谈京剧的往事，想到他对中华传统京剧艺术的挚爱。

杨春霞（右）在辜府做客

我们家的悲欢往事

赵 梅

这张照片摄于上个世纪20年代的台湾埔里。照片上是我丈夫的祖父陈添全家。左一为大姑妈陈凤，左二为祖母林捷抱着二叔陈金河；中间为三姑妈陈焕治；右一为二姑妈陈秋香，右二为祖父陈添牵着我的公公陈炎坤。

上面这张照片曾刊登在我丈夫写的《二十世纪一个台湾家庭的悲欢岁月》中。我要讲的故事，主要都是从他那里得知的。如今照片上的人有些已经故去，但它却记载着一个台湾家庭悲欢离合的故事。

我的丈夫陈毓钧是第五代台湾人，祖籍福建漳州。咸丰年间，他的曾曾祖父携父母及弟弟移居台湾，定居埔里。弟弟因水土不服，返回漳州老家。曾曾祖父则携父母留在台湾发展。

到祖父陈添继承家业时，陈家已发展成为在埔里家业排名第三的殷实人家，那时台湾正值日据时代。祖父是个开明乡绅，念过私塾，喜欢看书读报，经常到台中、

台北采购介绍国民政府和孙中山先生的文章。他有着非常强烈的汉民族意识，曾因批评日本统治、拒不改日本姓氏而被日本人关押在警察局。

我公公的大姐陈凤经人做媒嫁给了台湾报人谢廉清，陈家的命运从此改变。谢廉清早年留学莫斯科，参加了共产国际。1927年4月，他与台湾旅沪青年蔡孝乾一起成立左翼组织"赤青会"。1930年代，回到台湾后，他在《台湾新民报》任编辑和记者，宣传抗日思想。为了躲避日本人的追捕，他携全家到北京工作。1945年，日本战败投降。国民政府接管北京时，以"汉奸"为由，把谢廉清关押起来，有猜测说，是因为谢的共产党员身份暴露而遭国民政府报复。北京和平解放后，谢廉清获释，但大姑妈却因病不治，长眠在北京，留下三个女儿。

我的公公陈炎坤早年曾随大姑妈来到大陆，在青岛医学院就读，后返台。祖父曾打算让他到北京接大姑妈一家返台，但因内战爆发，时局动荡而受阻。1949年，国民党退据台湾，两岸处于隔绝状态。两岸亲人也从此杳无音信。

我公公的弟弟陈金河早年在北京读书，受到社会主义思想的熏陶。回台后，他在台北师范大学参加共产党组织的读书会。

1950年代初，他被国民党以"亲共"罪名逮捕，被送至绿岛监狱监禁达11年之久，后又在小琉球关押一年。

1978年，我丈夫留学美国。同年，他参与组织了两

1994年2月摄于林洋港先生位于台北的寓所。图中左一为我的丈夫陈毓钧,左二为我们的儿子陈家诚;
右一为台湾国民党前副主席、前"司法院院长"林洋港先生,右一为林洋港先生的夫人陈合。

岸留美学生在美国新泽西州首府进行的研讨会,这是两岸留学生第一次有组织的接触。在乔治·华盛顿大学就读时,他遇到了当时从大陆来的访问学者贾浩先生,便向他提及失散多年的三个表姐。没想到,贾浩先生通过他的父亲、时任民革中央副主席的贾亦斌先生很快就找到了三位表姐。那时,台湾当局还没有开放探亲,他们只得转道日本,分离近36年的亲人终于团聚。

我和我丈夫相识在1990年代初的一次国际学术研讨会上,那时他是台湾中国文化大学美国研究所所长、教授。我们是同行,都是研究美国的。记得打动我的,不仅是他的学识,还有他看问题时的客观态度。记得有一次,他对我说:"我们研究美国,不是要亲美,也不是要反美,而是要知美。"上世纪90年代李登辉大搞"台独"路线。我先生与他的姑丈林洋港先生一道,反对李登辉的"台独"路线。1996年,林洋港先生参选台湾地区领导人时,我丈夫任林洋港先生竞选总部新闻发言人。

我们的儿子出生在北京,现在就读于清华大学附中高中部。他从小随我们往返于两岸之间。记得在他三岁那年,我们带他去淡水玩。台湾朋友问他:"你是台湾人,还是中国人?"他回答说,"我是台湾人,也是北京人,我还是中国人。"对台湾,对北京,对中国的爱,从小根植在他的心中。

永远的吴大猷

韩 汝 琦

吴大猷先生是我的姨夫，吴夫人阮冠世在家中排行第二，我的母亲阮冠时排行第三。吴大猷先生1946年离开北京时，我还不到10岁，幼年时对他的印象多来自母亲。知道二姨阮冠世是个才女，在那女子很少接受高等教育的年代，她毅然选择了南开大学物理系，在那里与吴大猷相识。也正是从母亲那里得知吴大猷是位物理学家，北京大学知名教授。儿时的我们对于这位长辈，颇有一些引以为豪的感觉。

1997年9月，韩汝琦（左二）赴台参加著名物理学家吴大猷（右一）九十华诞庆典。

1997年8月我有幸赴台。参加了以全球华人物理学家名义为吴大猷先生组织举办的祝寿活动。我们带去了母亲阮冠时赠送给姐夫的生日贺卡和照片，还有北京大学出版社出版的画册《中国人的声音——香港回归抒怀》，画册的撰稿人中有多位是他的老朋友和熟人。吴先生触景生情，向我们详细询问了老朋友们的近况，话语之间处处表现出对大陆亲人的眷恋。

吴先生曾表示要带家中晚辈在北京、天津长住一段时间，好好与那里的亲友、学生享受生活的乐趣，并撰写中国物理发展史。北京大学为了迎接吴先生，特地在校内风景优美的燕南园选择了一座别墅式的小楼，聘请了北京著名的大夫做医疗顾问。然而不幸的是1999年3月吴先生因病住院，病情日益严重，回大陆长住的愿望未能实现。当听说吴先生弥留之际，仍在叮嘱如何安排赴北京，再到北大物理系去搜集资料……不禁热泪盈眶。

台北阳明山

张宏儒

阳明山"国家公园"位于台北市都会区边缘，它是台湾5个"国家公园"中最小的，据说是因为蒋介石崇敬王阳明而得名。

1994年3月，我到台湾参加大陆图书展览，趁着书展尚未开幕，大陆图书展览访问团一行游览了这个公园。恰逢3月下旬台湾花季，园中开满了各种颜色的杜鹃花，对自然景观不多的台北来说，阳明山公园不失为一个休憩的好去处。一路上，学生们骑的摩托车、家用小轿车络绎不绝，我们乘坐的大客车涌入了车海人流之中。对领略过长城、泰山、九寨沟等无尽风光的大陆同胞来说，阳明山就显得一般了，它既没有长城、泰山的雄伟壮观，也没有江南园林的精巧秀丽，不过这座公园的管理水平和台湾同胞的人文素养却给我留下了深刻的印象。

一进公园，我们被引到幻灯室，公园管理人员以录像方式向游人介绍公园的概貌。公园管理处印发了《公园简讯》和一系列出版物，介绍公园沿革、自然资源特征、公园特殊的火山地形和地质景观以及园内动植物资源与生存、生长的生态环境等。阳明山公园最高峰七星山是一座火山，海拔1120公尺，全园占地仅11000公顷，却存活着1224种植物，包括观花、观叶、观果、观树等各种植物。人们畅游其中，无限惬意。公园美丽而清洁，陶冶人们的心境；而游人的环保意识又保证了自然公园的青春活力。

给我印象最深的是那句所有来这里的游人都会铭记的话："除了足迹，什么也不留下；除了摄影，什么也不取走。"

作者在台北阳明山

无尽的牵挂

刘　璞

刘伟达（右）、作者与孙台祥（左）在台北桃园机场

　　2001 年，我有幸到宝岛台湾访问，所到之处所见之人无不让人感受到一股浓浓的乡情。

　　促成我们赴台的刘伟达先生，是一位积极联络两岸亲人的台胞，初次见面，一口标准的普通话立刻消除了我的忐忑不安。刘先生祖籍河北，曾经做过播音工作，令人吃惊的是他还会地道的闽南话、广东话、四川话、河南话、湖南话、上海话，简直是一位语言大师。伟达见告诉我，大陆人到台湾后乡音一般不改，开始是习惯使然，后来就成了浓浓的思念、血脉的传承。我不由得想起，宁夏民革1988 年曾接待过首次返乡探亲的台湾成功大学的徐振华教授，当他在晚宴上举杯，用浓厚的宁夏方言祝酒时，梁飞彪和刘德元两位老主委及众多民革老党员止不住盈眶的热泪。孙台祥是我区民革党员孙玉山的弟弟，听说我到台湾访问，非常热情地带礼物到机场看望，就像见到家人一样，喜悦之情溢于言表。

　　在台湾短短十天，我深刻地感受到中国传统文化的强大感召力，早已融化在中华民族的血脉之中。两岸人民的骨肉亲情不是"台独分子"的喧嚣和无耻政客的胡言乱语所能阻隔的，世界上只有一个中国。宝岛台湾是我向往的地方，那里有我的亲人，我的乡亲。

沥沥春雨祭花神

郑有为

自古以来，老祖先们就相信万物都有神，山有山神，水有水神，花有花神。在北京的丰台、南京的雨花台、苏州的虎丘、杭州的西湖，都有"花神庙"。建于明代的北京丰台花神庙里就供有12位花神。

春天百花生日称为"花朝"，花朝渊源甚古，据记载唐时定农历二月十五为"花朝"节，此节与端午、中秋、春节并列为民间四大节日，且与八月十五中秋节合称为"花朝月夕"，代表了一年中的良辰美景，即常说的"花好月圆"。花朝那天要有祭花神的祭典，祈求一年开花结果的好运。10年前，我有幸到宝岛参加了中华花艺文教基金会举办的花神祭活动。

3月13日上午，在"历史博物馆"举行的花神祭活动拉开了帷幕。在身着民族服饰的少男少女们虎虎有声的呐喊声及鼓乐齐鸣声中，铺在雨中的红地毯迎来了方方面面尊贵的嘉宾；这是一次妇女同胞的盛大集会，台湾各界高层的夫人云集此会，因为15年前，正是这些有着特殊身份的知识妇女发起这项活动，如今已成为广泛的、受大众喜爱的活动。

典礼开始了。黄永川先生主持，"历史博物馆"馆长黄光男讲话，李登辉的夫人致词后，12位花神纷纷登场

亮相，载歌载舞。尽管天上阴雨绵绵，时大时小，但会场内外洋溢着热烈的气氛，俗话说，"好雨知时节，当春乃发生"，大家说这是吉祥的雨，是助兴的雨，是给百花带来好福气的雨。

典礼的高潮，是将一棵繁花满枝点缀着绿芽的桃树推到会场中央，因为传说花神要在百花生日当天为花结锦彩带，祝百花生日快乐。我们和台湾姐妹一起在这棵桃树上系上红红的丝带。这红红的丝带有如同心结，将海峡两岸的心紧紧相连。

民革中央副主席何丕洁（左）在桃树上系红丝带

花艺是一种"美"的心灵飨宴

郑有为

在台湾，学习插花和从事花艺研究已经成为相当普遍的社会生活需求。无论是在台北还是在台中，你只需稍加留意就会发现，在宾馆大厅、商店橱窗、街头的花坛，乃至路边的洗手间，到处可见到插花。花艺的普及形成了求学的热点。在台湾，学习插花的人可是一个不可小视的群体。

接待我们的徐小姐就是一个出色的花艺教授，她有学生一百多名，其中有白发老人，也有莘莘学童。课堂

作者（中）与台湾教授探讨花艺

就设在徐小姐家的二层楼上，望着两张长长的椭圆形桌子和几十把椅子，墙上的黑板和桌上的笔记本，能想象出授课时的情景。在台湾，取得插花业的授课资格可不是一件简单的事。先要学习三年基础课，再学习实践四年才能完成学业，在这七年中需学习的有色彩学、植物学、美学、造型艺术、插花史等课程，最后经过严格的考试并取得高级职称，这才具备了单独招生授课的资格。

你看那满街鳞次栉比的鲜花店，那些店主都不简单，朋友告诉我们，要申请开花店，至少要学完三年基础课，才有开业资格。这样的店主自然多了艺术气，少了铜臭气，远非一般花商可比。这就难怪台湾到处花团锦簇，于纷繁中透着清雅。

在培养花艺人才方面，台湾中华花艺文教基金会功不可没。这个民间团体为弘扬中华民族的插花艺术，几十年来已经培养了十八届，共约三百多位教授型人才。这些人才又将艺术的种子星罗棋布地撒向台湾各地，收获哪能不丰厚！我常想，当人们对美的追求已经像是粮食一样成为生活之必需时，社会就能少几分浮躁、多几分幽雅的内涵，这使我想起一句话："花艺是一种美的心灵飨宴。"

生命的奇迹——"三代木"

杨海燕

　　记得美国一位散文作家说过这样一句话："奇迹在于我们无法找到比树木更能称为奇迹的东西。"当时读来不甚理解。直到有一天我在台湾的阿里山看到了三代木，才对这句话有了深刻的体会。

　　三代木是阿里山的圣树。2004年，我有幸随团踏上了阿里山弯弯曲曲的山间小路，实现了我的拜谒之旅。那是一个夏日的清晨，阿里山笼罩在时浓时淡的云雾中，飘渺着让人神往待人破解的谜团，啁啾的鸟鸣时远时近，撩拨着远道来客的期待和向往。行进间，顺着导游指说的方向向前望去，郁蔽的林地间兀然一株巨大的树木横卧在地，直入眼帘，导游告诉我们，这就是台湾有名的"三代木"。

　　实在说，初识"三代木"，它并没有给我带来什么特别的感觉。然而走近它，却感受到一种由心灵深处生发出的敬畏和震撼。在台湾亚热带雨雾的经年浸润下，在斑驳的青苔间，它尽管倒下，但树身粗粝皲裂的纹理却勾勒出一副黝黑嶙峋的钢骨铁架，依然支撑着当年繁茂的遥远记忆，演绎着生命的呼唤，于是，在它的躯体上我们发现一株鲜活的树木正在茁壮生长。

　　导游告诉我们，所谓三代木是指我们看到的这一组叫红桧的植物群落整体。红桧，柏科，是我国特有的珍贵树种，分布于台湾的中央山脉。红桧高大雄伟，有"亚洲树王"之称。横卧在地上的母体是第一代红桧，树龄已逾千年，据说它当年高达几十米，在这片林地里可以称得上是树中之王。随着岁月的流逝，它倒下了，然而奇迹也就在这时发生。有一天，也许是源自于它生命的顽强，新枝再度萌发，也许缘于它的姐妹，一颗种子

见证生命奇迹的"三代木"

落在了它龙钟的躯干上，于是它化作春泥滋养出新的株苗。它粗大的身躯将这株幼嫩的生命托起，使新生命得以和它的父辈一起，在郁蔽的树林里接受雨露阳光。新的红桧成长了，茁壮了。几百年后，第二代红桧重复着前"人"的生命历程，就这样，第三代红桧诞生了，也就是我们看到的站在前"人"身躯上的新的生命——一棵郁郁葱葱的红桧。

　　学地理的我，也算是个走南闯北的人，却被这生命的美丽感动了，我惊叹树木的神奇，感叹生命的无私与伟大。其实这组红桧的生命历程，不也正是不屈不挠的中华民族精神的写照吗？而海峡两岸关系就像这组红桧，虽然它的成长发育历尽艰辛，但植根于两岸人民心灵深处的民族精神和中华文化是两岸共同而永远的根基，它的身上永远都闪耀着先辈的光彩，蓬勃着生命的青枝。

台北野柳——大自然的惊世之作

文克平

2003年12月15日，我们早上10点从北京出发，经过香港，晚上10点多钟到达台北，12个小时的旅程把两岸间窄窄的海峡拉宽了。然而，毕竟踏上遥望了半个世纪的祖国宝岛，心情激荡到难以抑制。

宝岛台湾的美丽身影曾在教科书中勾起我们无限的遐思，踏上这块有着丰富宝藏的土地才真正感觉到她的神奇，特别想和你分享的是那梦境般美妙的野柳。

野柳，是北台湾最富盛名的地质公园。在距离市区半个小时车程的台北县海边有一突出海面的岬角，长约1700公尺，远望如一只海龟蹒跚离岸，昂首拱背而游，因此得名野柳龟。这片海岸景观的出现是亿万年造山运动影响，使海底沉积岩升致海平面以上，经过海浪侵蚀、岩石风化，形成菌状石、烛台石、礓石、虎穴、棋盘石、海蚀洞等地质奇观。

漫步在野柳，你不得不叹服大自然的鬼斧神工。野柳的烛台石，世界罕见。其石略呈圆锥状，直立地面，直径多在1公尺半到半公尺之间，顶部中央有石灰质圆形块石，周围有环状沟槽。完全是将我们圣诞夜点缀在餐桌上的浪漫蜡烛放大铺陈到海边艺苑。

有人说，野柳的石头充满艺术气质。野柳的奇形石，融抽象于具象，经典得令你瞠目结舌，鲤鱼石、仙女鞋、海龟石、玛玲鸟石等，读名考物，绝对无差。野柳的蕈状石，外观似蘑菇，排列有序，错落相间，构建出一方别致天地。其中最为著名的一蕈状石，被命名女王头。此石名不虚传，一如人力精心雕琢，细致打磨而成，脸部轮廓十分精致，额头，鼻子，嘴唇清秀细巧，圆润的下巴，修长的脖颈，更绝的是那高高挽起的发髻，像是自然的皇冠，仪态华贵，气质雍容，这石像充满灵气，生机勃勃，让人叹为观止。站在她的面前，怀着对自然的顶礼和畏惧，我甚至忘记了为她拍张照，与她合张影，以致留下遗憾至今。

野柳的黄昏降临的时候，夕阳映红了天和海，轻风起舞，浪花飞腾，那些惟妙惟肖的岩石，鼓荡着生命的灵气，真不忍与之作别。出门口到小摊上买水，身边一个年轻爽朗的女子主动问：“大陆来的？”攀谈之下了解到她是小学教师，学校曾组织赴大陆参观，“好大呦！”她感叹的样子逗得我们开怀大笑。是呀，大陆之大，台湾之美，都是中华儿女的骄傲！

大自然鬼斧神工营造出的一块极美的海岸——野柳

结缘中台禅寺

文 克 平

早就听说台湾的寺庙多，香火旺，不仅有市井小民天天去叩拜，祈平安，求子女；更有经商从政功名赫赫的上层人士常常来烧香，盼升官，望发财；特别是台湾民主开选举之风气后，每到大小选举前，民间的沸腾自不必说，各个寺庙也热闹非常，成为选举文化中一道意味深长的风景。

2003年，公差去台湾，从北到南7天，被人领着跑，在台中就被领到了建成启用不久的中台禅寺，远远看见这座建筑，就觉得莫名其妙，完全颠覆了中国传统寺庙的规制，看惯了的翘角飞檐，叠瓦斗拱，殿宇楼台都不见了，代之以雅典神庙的巨大廊柱，大理石打磨的大面光墙，外观上倒也嵌着金色的莲花座和藏传佛塔的菩萨座，看着欢喜的当然赞它中西合璧，看着别扭的不免嫌它不中不西。

亚洲最高的庙宇——中台禅寺

中台禅寺主体建筑真是恢弘，据说是亚洲最高的寺庙，庙内纵横空间都很大，采光又好，通体豁亮，几个神像各自端坐，眉眼清楚，衣服光鲜，从头到脚，纤毫毕现，只是世俗之态尽显，灵通之气皆无。素来进庙，多有巨制，层层叠叠，占着半座城或半面山，乃至方圆几百里尽归寺院的并不少见，庙内的塑像比大比高也都有超于这中台禅寺的，所不同的是，传统庙宇中的殿堂幽暗深邃，坐在层层帷幕中的菩萨，被若明若暗的烛火掩映，被时聚时散的轻烟萦绕，以神秘的力量抚慰着朝拜者，使那些屈膝叩首的信徒很容易交付自己的心灵。其实，西方的教堂也多用彩色玻璃将自己的圣灵隐藏在虚渺中，大概这种氛围最适合人与高高在上的神或上帝沟通。相形之下，中台禅寺的主殿有些另类。

中台禅寺也有从俗的地方，比如，寺院后面的香堂，半人高的佛像沿墙坐，被蜡烛状的诸多支红灯围绕着，这里几乎没有游人，可以免费抽签，我顺手拿了张窄窄的字条，一位带着眼镜的中年女尼职司解释，肃然说，做人不要妒忌，才能和顺安宁。当时如遇棒喝，数年后依然在心，咀嚼的时间越久，越体会出那似乎简单的生活哲理，其实给了我一个很好的警戒，教导了我一种人生的境界，在中台禅寺的辉煌巨制里能领悟这样的人生境界，是与此地此庙此佛有缘吧！

亲情不因路阻　血缘永比水浓

陈　玲

这张相片是 2002 年 2 月我随"北京中山学院插花花艺交流团"赴台湾参加《中华插花艺术展》开幕式活动期间拍摄的。

岁月如梭，6 年的光景一晃即过。然而，每当我看到这张相片，那曾经远去的记忆就会一下子被拉到眼前。

2002 年 2 月 28 日，是我们在台湾参访活动的最后一天。那天天还没亮，我所住的教师会馆房间的门铃就响了。随着房门的开启，我从未见过面的表姐出现在我的面前。表姐是专程来台北接我去她家的。

作者（左三）与亲友们欢聚在客厅唱"卡拉OK"

我和表姐拿着行李刚走出会馆大门，忽然上来三位大姐从我们手中把行李抢走。表姐赶忙介绍说，这几位是她的嫂子，她们听说娘家人从北京来了，非要跟着一起来接。当时，我只感到一阵幸福的暖流涌上心头。那是一种只有在异地他乡见到亲人才能真切感受到的感觉，一种令人永远不会忘怀的感觉！

在去表姐家的路上，途中每次停车，表姐她们都要下车，不是去买早餐，就是去买新鲜的莲雾、活的龙虾等，然后回来让我尽情品尝。表姐的家在桃园县观音乡富源村。那是一栋灰白色的四层楼房，宽敞明亮，十分优美。

临近中午，表姐叫我到餐厅吃饭。推开餐厅的玻璃门，我吓了一跳，餐桌旁竟坐了 20 多人。表姐向我一一介绍了他们的身份，可我在这么短的时间里根本记不住谁是谁，只记得这些人都是表姐的亲戚和邻居，那满桌的美味佳肴，也全都是他们在各自家里做好端过来的。那一瞬间，我真切地感受到，血脉是世间最牢固的纽带，不论距离有多远、时间有多久，它都绝不会被阻断。

吃罢饭，大家又聚在客厅里唱"卡拉OK"，你唱歌我跳舞，气氛异常热烈。那场面，令我十分感动。

两岸朋友情谊深　歌声一路伴我行

陈澄波

2006年8月，民革广西孙中山研究学会一行18人，应邀赴台参加桂台两地联合举办的"孙中山思想与和谐社会"学术研讨会，并举办大陆知名画家书画展。

在台10天的时间里，可以说是"歌声一路伴我行"。在下飞机登上旅游大巴之后，台北中山纪念馆简先生的一句"欢迎祖国大陆的亲人们来台湾"，使大家的距离一下子拉近了，气氛随即热烈起来。先是简先生用一首闽南歌曲《见面三分情》欢迎我们，随后我们高唱《情义无价》来表达对台湾同胞的情谊，最后大家一起合唱《爱拼才会赢》，一路歌声伴随着我们来到纪念馆。在10天的参访过程中，宾主其乐融融，没有隔阂，没有争议，只有亲切与温暖，只有欢声与笑语。在参观阿里山的时候，我们应景而发，打着拍子唱起了《阿里山的姑娘》、《站在高岗上》。在海边，好友们边欢笑，边唱着耳熟能详的《外婆的澎湖湾》："暖暖的澎湖湾，一个脚印是笑语一串……"，笑声和歌声在沙滩上久久不曾散去……

即将离别那天的晚宴上，我们全体团员合唱了《团结就是力量》、《明天会更好》，用歌声将我们的感激之情送给热情款待我们的台湾朋友。在宴会的最后，大家起立共同举杯，我们再次用歌声表示由衷的感谢之情："多谢了，多谢四方众乡亲，我今没有好茶饭，只有山歌敬亲人"，广西民歌《只有山歌敬亲人》被我们一遍一遍反复咏唱，泪花在眼中闪烁，笑容在脸上洋溢，情谊在心中激荡，其情其境至今犹历历在目。

在大陆书画名家作品联展开幕典礼上，作者（右）与张瑞滨院长（左），朱浤源教授（中）。

记忆深处的台湾故事

陈咏莹

听说我要去台湾公出，旅居美国、时年87岁的姑姑陈淑凤可高兴了，几次三番地和我联络，约定在台北会面，并商定由回台休假的小表弟开车，跟着我们团组的行程走。

从台北到台中再到台南，车行一路，也听姑姑讲了一路。姑姑是学生物的，西北大学研究生毕业。1949年新婚不久便与姑父杨经蕴一起从大陆来到台湾。姑父是清华大学建筑系的优秀毕业生，获"庚子赔款"奖学金赴美留学，那时刚刚回国。到台湾后，曾在横贯公路、基隆港等重大建设项目中担任总工程师。姑姑讲了很多姑父参与的建设工程，很多台湾的亲情旧友，还有很多姑姑的学生们。姑姑在台北建国中学任教多年，桃李满天下，学生中不乏优秀的科技人员，也不乏为官从政者。姑姑还说，刚到台湾的时候，他们生活很艰苦，姑父的工程在哪儿，家就在哪儿。家就是一个很简陋棚子。台风一来，棚子就塌了，家里所有物品都漂在水上。

姑姑此次来台湾，是想替早已过世的姑父再看看横贯公路。遗憾的是，行到花莲，小表弟有急事必须回宜兰，姑姑也只好跟着返程了。在横贯公路纪念馆，我仔细了解了横贯公路的起始和修建情况。横贯公路全长348公里，穿越3000米以上的高峰有10多座，穿越的河流有90多条。横贯公路从1949年开始勘察，修建起于1956年，建成于1960年，历时10年时间。公路建成后的几十年间，成为连接台湾东西部交通、促进沿线经济发展的重要通道。

乘车从横贯公路走过，高山峻岭贯穿一线，沿途多为锥麓大断崖，崖上草木不生，崖下溪谷激流，两岸全是大理石岩层，不由得感叹姑姑那一代人为台湾开发建设历尽的艰辛。姑姑一家在台湾工作、生活了20多年，1970年代，一向只问技术的姑父，莫名其妙地卷入了一场政治风波，全家只好移居美国。虽然离开台湾几十年了，但在姑姑的记忆深处，台湾始终是一段最美好的回忆，那里有他们的青春，有他们的理想，有他们那一代人事业的成就。

作者与姑姑陈淑凤在垦丁鹅銮鼻公园合影

到台湾串亲戚

张万一

2003 年 1 月 10 日我们乘坐的班机降落在桃园机场，我一脚踏上宝岛台湾的土地，就迫不及待地给住在高雄市、从没见过面的堂叔打电话，告平安，并约定了在高雄见面的时间和地点。

14 日中午我们达到高雄，当乘坐的大巴车刚刚到下榻的中信大饭店门口时，我一眼就看到站立着一对老人正在用期盼和寻觅的眼光审视着车内的每一个人，我从他们相貌和表情上判断他们应该是我的堂叔父母，下车相认后，我们含泪紧紧相拥。堂叔父母带我乘坐的士游览了高雄市容，晚餐是在市区内一家一流饭店用餐。晚餐后他们又送我回到下榻的饭店，堂叔看看表说才刚刚九点钟，还早呢。我们又在大堂的咖啡屋要了咖啡和橘茶聊天(附照片)。年过 76 岁的叔叔今天陪我这么久，显得有些疲惫，他因前列腺肥大住医院做了切除，手术后还不足两周，身体有些虚弱，我多次求他们回去，可叔叔一直说没事可以再坚持一会儿，就这样直至午夜他实在坚持不下去了，才意犹未尽的与我依依惜别。在整整一个下午和晚间堂叔讲我们家和他的昔日往事，讲他抗日战争投笔从戎卫国的经历，讲他在台湾故事，叔叔讲得最多的是亲情难舍，两岸炎黄子孙同祖同宗，现在你来访问还要绕道，"三通"之后就能像走亲戚一样那么方便，才是两岸同胞的心愿。每每讲到动情处他都潸然泪下，我也深深地感悟着血浓于水的亲情。

在台湾的十余天里，还约访了老朋友，结识了新朋友，参加了朋友女儿的定亲酒宴；参观游览了台湾的风景名胜。所到之处看到的是黄皮肤黑头发同胞，听到的是共同的语言和乡音，读到的是亲切的方块汉字，吃到的是熟悉的家乡饭菜，感觉真的是在串亲戚。

在宝岛期间适逢中华民族的传统新年，在台湾感受春节年味浓浓的如同在家，采购年货,逛超市，走亲访友。同胞情，骨肉亲。在台湾短短的十余天访问，留下的是刻骨铭心的亲情和难忘的记忆。

2006 年 3 月我和堂叔通了电话，他说 5 月要来郑州。

5 月 3 日他的儿子从台湾来电话哭着告诉我，他爸爸昨天晚上去世了。他说他爸爸早已经订好了来大陆的机票。

第二年堂姊母带着儿子和女儿，把堂叔的骨灰从台湾运回大陆安葬在老家，了却了他叶落归根的凤愿。葬礼上我向堂叔的墓碑深深地鞠了三个躬，对他说：叔叔安息吧，任何分裂祖国的企图都不会得逞，"三通"在即，以后往来真像串亲戚那么方便了。

2003 年 1 月，作者张万一（左一）赴台访问，与堂叔父（左二）、堂叔母（右一）在高雄中信大饭店共叙亲情。

花朝节里说花事

韩 芸

农历2月15日是我国传统节日花朝节，各地画匠花友聚集一堂，比拼手艺；花农挑着整担的芍药，沿街叫卖；青年男女漫步花间，文人墨客赋诗作画；夜间张挂"花神灯"，灯火与花枝相映成趣。百花有千万种花语，千百万种姿色，中华民族的花朝节，不偏不倚，可见其包容、开放和崇尚和谐的气度和胸襟。笔者有幸在2002年的2月里，随民革中央的访问团赴台湾参加中华台北花艺文教基金会组织的插花艺术展出活动，再次看到了中华民族对花的特殊喜爱，对花艺源远流长的研习。

二月的台湾，阳明山上樱花烂漫，山上赏花的人脸上洋溢着春天的喜气。台北的市民们，周末时悠悠地采花，交给花农一定的费用之后，便可以把那些大把大把的马蹄莲带回家，或自己享用，或送与人分享。

最热闹的莫过于中华台北花艺文教基金会组织的插花艺术展了，人们在花树上系红丝带，祝花"生日快乐"。开幕式上小学生们舞起了狮子和长龙，震天响的鼓声报送着春天的喜悦，女士们身着美丽的衣裳，最为引人瞩目的是花艺文教基金会的艺术家们，她们身着灰蓝色的旗袍，婀娜多姿，袅袅婷婷。

除了传统的花器、花材之外，艺术家们大胆地采用了如渔网、海螺、贝壳、斗笠、石磨、麻绳、渔篓、苔岩、海石、砂土、枯木、渔舟等作花材、花器，有的作品精巧细腻，有的大气磅礴，有写实的，也有写意的，飞鱼来讯、望夫早归、椰风蕉影、山海珍宝、兰岛渔风散发出海洋潮湿的气息，人们仿佛听到浪拍海岸的涛声。我见一个女孩专注地观看，便走过去和她攀谈，"喜欢这些花吗？喜欢看花艺展吗？"她有些腼腆地点点头。一位新闻记者则对我的大陆身份很感兴趣，他不停地对我说他很想到大陆，特别是云南，因为云南的花也非常之多，非常之美。

回到昆明之后，我念念不忘台湾的花展，不忘花朝节里的感受，并写了一个在春城昆明恢复花朝节的提案，昆明和台湾一样，四季花开，人们有吃鲜花饼、鲜花菜、赏鲜花的习惯,却不过鲜花节，看不到高水平的花艺展，是为遗憾！优秀的传统是一个民族的根，有一天大陆的人们会重过花朝节，让春有花朝，秋有月夕，夏有端午，冬有元宵，人与人其乐融融，人与花草鸟兽和睦相安。

创建慈济世界的证严法师

卜林龙

证严法师出生于台中县清水镇，俗名锦云。十几岁时，她目睹父母病痛之苦，悲恸之余，深感人事无常，因缘有自，遂渴望皈依佛门。24岁时，锦云随两位比丘尼云游到荒凉贫瘠的台东县鹿野乡，在一间简陋的王母庙挂单苦修，自食其力。1963年拜著名法师印顺长老为师，长老为她取法名证严。从此，证严法师带领弟子们请修之余，自己动手，劳动制作，把所得几角钱几角钱地铢积寸累，不断济贫救难，并发动人们以微薄之力爱人救人，民众纷纷响应。1966年，证严法师主持建立"佛教慈济功德会"，1980年1月改名为"佛教慈济慈善事业基金会"，在台湾各地广泛开展捐款和救

大陆记者在台湾采访了"佛教慈济慈善事业基金会"创办人证严法师（右二）

助活动。数十年来，慈济会的会员从最初的30人，发展到200多万人，慈善救助活动遍及世界各地。从台湾到大陆，从中东到北美，哪里发生灾难，哪里就会出现慈济的会员义工和捐助。1991年夏，大陆遭遇特大旱涝灾害，证严法师"感同身受，凄然泪下"，发动了多次对大陆赈灾活动。

慈济基金会还办起许多医院、学校等各种慈善机构。证严法师常说："这世界总有比我们悲惨的人，能为别人服务比被服务的人有福。"

在菩提树掩映下圣洁的静思精舍里，证严法师身着灰色法袍，颈上挂着长长的念珠，双手合十欢迎大陆记者。她面容清癯，庄严而慈祥，文静但充满生命力。她向记者介绍了慈济基金会救困扶危、济贫教富的事迹和志向，回答了记者们提出的各种问题。法师把她撰写的《静思语》赠给每位记者。证严法师对记者们说："盏盏心灯照神州，心灯相映，为两岸同胞的心灵搭上紧密交融的长桥。"

在台北夜访 《联合报》

卜林龙

　　1992 年 9 月 5 日至 12 日，首批大陆记者赴台湾采访，我作为《团结报》记者参加了这次台湾之行。台湾新闻界朋友对大陆记者分外热情，双方几乎无所不谈，亲如一家。大陆记者日程安排中本来没有去台湾新闻单位的计划，由于台湾新闻界朋友一再盛情邀请并周密安排，才访问了几家台湾媒体。

　　9 月 8 日上午，台湾《联合报》总编室主任欧阳元美向大陆记者发出邀请，并于晚 8 时许亲自到我们下榻的宾馆迎请。当时我们都在写稿，准备往各自媒体发稿，对去参观不禁面有难色。欧阳元美心领神会，立刻说，大家到报社去吧，那里条件好，写稿发稿都方便。于是我们便乘坐报社来迎的汽车动身前往。

　　《联合报》创办于 1951 年 9 月，是台湾一份民营大报，董事长为王惕吾。经过几十年经营，《联合报》发展成台湾最大的报业集团，有 5000 多名员工，总发行量200 多万份，其中《联合报》发行 100 多万份。报业集团还拥有《经济日报》、《民生报》、《联合月刊》等多种报刊杂志，以及通讯社、出版社等。

　　我们到达《联合报》大楼时，由于 79 岁的王惕吾先生身体欠安，其女公子《联合报》发行人王效兰和《民生报》社长黄年出面接待。我们在王效兰女士陪同下，兴致勃勃地参观了编辑、采访作业，与台湾同行进行交流。我特意进入《联合报》大陆新闻中心资料室，看到那里的资料浩如烟海，管理极有条理，查询方便快捷。大陆主要报刊这里应有尽有。我问管理人员这里有没有《团结报》，发现不仅有《团结报》合订本，近日出版的《团结报》就摆在资料架上。

　　当我们离开时，已是 9 月 10 日深夜 1 点多了。报社摄影中心的记者仍拉我们去"轻松"一下，原来黄年社长和欧阳元美主任已经为我们准备好夜宵了。

大陆记者在王惕吾题词"正派办报"前合影。左五为王效兰，左七为本文作者。

22

纪念台湾原"行政院长"孙运璇先生

王夕源

原台湾当局"行政院院长"、海基会名誉董事长、台湾当局"总统府资政"孙运璇先生2006年2月15日在台北病逝，享年93岁。虽然孙老先生离开我们已近3年了，但与孙老在台北相识、相聚的情景，还时常浮现在眼前。

2004年4月，民革青岛中山书画院参访团应邀赴台北"孙运璇学术基金会"，拜会了91岁高龄的孙老先生。令人感到亲切的是，我们不仅是两岸同胞，更是山东老乡，尤其是孙老的父亲孙蓉昌先生和养母李蔼如女士，晚年均生活在青岛，并先后加入了民革组织。

虽然坐在轮椅中的孙老先生已中风20年了，言语日渐困难，但他仍吃力地对我们说："能遇见各位乡亲从青岛、山东来，非常高兴！很抱歉，由于我身体不好，不能招待各位……"孙老的话很快就被大陆乡亲充满敬意的掌声所打断。拜访结束时，孙老高兴地与我合影留念，握手道别（题图），并送我一本《掌舵风雨世代——孙运璇》的影像资料，正是这一面之交和珍贵的第一手资料，才有了我今天对孙老虽然点滴但却深刻的认识。

孙老1913年11月出生于山东蓬莱。12岁时，跟着法官父亲去了哈尔滨。1934年，以第一名的优异成绩毕业于哈尔滨工业大学。抗战胜利后，因接受恢复和发展台湾电力的任务而飞往台湾。历任台电总工程师、总经理，先后在台湾当局"行政院"、"交通主管部门"、"经济主管部门"等担任要职。有关数据显示，孙运璇接

作者（左）拜会台湾原"行政院长"孙运璇先生

任台湾当局经济主管部门"部长"时，台湾GDP只有320美元；当他卸任台当局"行政院院长"时，这一数字已上升到3000美元，十五年间增长了近10倍。孙运璇也由此被称为台湾地区"经济奇迹"的缔造者，受到台湾社会的普遍尊敬。他所到之处，也总能赢得最热烈的掌声，表达了台湾地区人民对他的感激和敬仰。

回想当初孙老不顾阻拦，坚持坐轮椅把我们送上电梯，那无语黯然的眼神，已流露出今生永别的意味，更令人难忘和伤感。今天，两岸"三通"和平共赢的现实，应该是对他老人家最好的纪念与告慰。

无声世界里的真情

秦友莲

陈庭诗老人（右二）和侄子陈二南（右一）

每当民革福建省委会顾问陈庭煊拿出这张照片时，总会轻轻地叹一口气。相片中的老人是陈庭煊的哥哥陈庭诗，虽然已90高龄，仍然显得睿智与诙谐。旁边是陈庭煊的儿子陈二南。2002年3月，二南因公赴台时特意去探望了病中的大伯，并捎去了家乡亲人的问候。老人感到一种从未有过的幸福和安详。一个多月后老人平静地离世了，留下这张珍贵的相片。

陈庭诗是台湾受人尊敬的、技艺十分全面的书画家。无论国画、油画、版画、还是诗词书法、水彩篆刻、铁雕等，样样精通，是一个驰誉国际艺坛的奇才怪杰。年轻时他曾以"耳氏"笔名创作木刻版画从事抗日宣传活动，他要让每一滴墨水都成为一颗炸弹投向侵略者。然而他又是一个有着极深的传统中国人文素养的艺术家。他将俯拾即得的偶然，变化成生命和自然的赞歌，融入朴实厚重、气势磅礴的作品中。

1948年陈庭诗赴台后，故乡便成为他魂萦梦绕的地方。"一水长年别，三山几梦归，团圆今夜月，谁与共清辉？"他写回了近千封书信，期盼着亲人的团聚、祖国的统一。台湾海峡开放后，他不顾年事已高，多次回乡探亲访友。他的足迹遍及祖国大江南北，而作品则更充满了生命的欢呼，体现了苟日新，日日新的自然理念。

正当我仔细品味着耳氏的每一张相片和作品时，却突然被一句话惊呆了。"耳老八岁时从树上跌落，鼓膜摔破，从此两耳失聪，我们兄弟俩的交流一直是在一个无声的世界里。"不过没有关系，我安慰陈顾问，因为在一个寂静的世界里，耳老创造了一个神奇的、跳跃的视觉旋律，实现了大音无声，大爱无涯的传奇人生；他对祖国、人民、生命、自然的眷恋，已经化成一种神韵，留在每一件作品中；而且，耳老也已经落叶归根，魂归故里，骨灰安放在福州市妙峰山。

忆访台之旅

王全珍

2003 年清明前，"非典"肆虐，出行受限，我却有幸忝列民革中央中华中山文化交流协会访问团，飞越海峡，前往心仪已久的宝岛台湾，应邀出席了"中华花艺文教基金会"举办的"中华插花艺术展"开幕式并参观展览。嗣后基金会尽地主之谊，安排了我们从台北到高雄，行程四百余里，途经十一市县的参观旅程。我们陆续参观了"国立"图书馆、故宫博物院、台北市美术馆、莺歌镇陶瓷博物馆、宜兰县"国立"传统艺术中心、淡水镇缘道观音庙、红毛城纪念馆、高雄市"国立"科学工艺馆等著名的文化、宗教单位，拜访了部分文化艺术界人士，并和他们亲切交流。

我们感受到了同胞们对台湾政局动荡、经济衰退和当局黑金政治的强烈不满，听到了对大陆改革开放以来巨大发展变化的认同，以及对改善两岸关系的意见、建议和期待。台湾人民期待两岸和谐安宁，共同发展，走向统一，这是任何人也阻挡不了的民心所向。

虽走马观花，浮光掠影，但血浓于水的同胞亲情，宝岛的人杰地灵，以及亚热带独有的旖旎风光都给我们留下了深深的印象和温馨的记忆。至今难忘基金会黄永川董事长及同仁们为发扬光大中华传统插花艺术的执著精神。常常回忆起那淡水镇渔人码头的繁华、莺歌镇陶瓷街的欧洲风情、东山河的静谧、清净农场绿茵中的山羊，阿里山蒙蒙的春雨，还有那日月潭的森森碧波。

在那里，我们看到了处处和大陆一样的文化和民俗，切身体会到台湾和祖国大陆的文化思想一脉相承，中华传统文化、道德观念根深蒂固。访问期间适逢清明时节，台湾市民纷纷到郊区扫墓，偌大的台北市人迹稀少。沿途不时有孔庙、文祠、武庙、城隍庙等映入眼帘。每年

民革中央中华中山文化交流协会访问团

七天八夜的"大甲妈祖绕境"已成为法定节庆，轰轰烈烈。访问期间，我们还看到了服务于各行各业备受社会尊重的义工（志愿者）：在阳明山缘道观音庙，他们在默默地锄草；在博物院、美术馆，他们在当讲解员。听导游讲，台湾义工身影遍布社会各界，广大市民对慈善事业有着普遍的自觉。沿途我们曾在不少店堂、饭馆小憩，时不时能看到一盆盆造型别致的插花摆放期间，甚至卫生间里也有它的芬芳，给环境平添了些许祥和情趣。我们还看到了有些具有细腻人文关怀的基础设施，如，使人难以忘记沿途公厕卫生状况都基本良好，甚至有的公厕里还专为年轻妈妈给婴儿换尿布设置了小"床"。我还在一份基金会办的《中华花艺》期刊上看到，基金会要求会员来供应部购物时，减用塑料袋，要记得尽量携购物袋，这些小小的细节都凸显了那里的人文理念和自觉的环保意识。

25

"两岸都是中国人嘛"

唐 德 中

　　1993 年夏，宁波大学和台北市宁波同乡会等联合发起了举办甬台大学生夏令营活动，从此两岸青年学子你来我往，先后参与这一活动的已达数万人。我有幸亲身见证了许许多多终生难忘的动人时刻，至今历历在目。如今我已退休，但来自彼岸的一封封书信、"伊妹儿"、一个个电话，穿过海峡延续着虽已闭营却并未休止的真情倾诉，令我回味着那些无穷的令人"不想醒来的美梦"。

　　1995 年 8 月，以宁波大学为主组成的宁波市大专学生参访团，首次跨越海峡到宝岛交流。联欢晚会上，80 岁高龄的台北市宁波同乡会名誉理事长蒋纬国先生，满怀深情发表了"团结方才是力量。中国统一就会带来无比的力量，我们正是朝这个方向走"的即席致词；随后同学们簇拥着蒋纬国先生（前排右二）等乡亲促膝谈心、共叙乡情，在签名留言时他又谆谆叮嘱"阿拉小老乡"："两岸都是中国人嘛。老一辈没解决好的事情，你们这代一定要解决好。"两岸的年轻学子不禁怦然心动、深感重任在肩。

　　1997 年夏，在台北市宁波同乡会的欢迎宁大师生大会上，台湾大学生陪同团团长、台湾大学的竺世鼎同学由衷表示"台湾和大陆两地的宁波人本来就是一家人呀！我们有着共同的根，在两个不同的环境中长大；我们血脉、亲情、乡情的纽带是永远不会分离的。"话语沁人心田，令在场的人无不感受到对共同家园难以名状的热血沸腾。

　　在每次夏令营短短的交往中，甬台师生朝夕相处、亲密接触；你学一首"十五的月亮"，我练一曲"你是我的姐妹"；我教你一段宁波话，你教我几句台湾腔；日复一日的传统"小天使与小主人"爱心结对游戏，似友谊的催化剂、沟通的快车道，一下拉近了彼此间的距离，很快使大家从素昧平生、话不投机变成难分难舍、无所不谈。大家议古论今、常常彻夜难眠，说不完的心里话、道不尽的故乡情。无论是陪同的台湾师生还是年迈乡长，即便身体有恙仍坚持同行；纵然喉咙沙哑还放声高歌，两地莘莘学子一直沉浸在血浓于水的亲情中。

宁波大专学生参访团与蒋纬国（前排右二）欢聚

令人难忘的大巴士

石　磊

坐落于台北市中心，号称"两厅院"的戏剧院和音乐厅每年从元旦开始，直到月底的 31 日，有一个全台湾的传统戏曲剧目甄选活动。入选前三名有奖品赠送，第一名者将能获取在翌年的 1 至 6 月间进"国家戏剧院"公演 4 场的殊荣，"两厅院"将对该剧有 180 万～300 万新台币的投资。经人推荐，本人拙作新古典主义豫剧《狸猫换太子·上部》在 1997 年度的甄选活动中，雀屏中选，名登榜首，于是就有了我 1998 年元旦 26 日飞抵台

湾的港都高雄、"国立"国光剧团豫剧队的驻地，为他们排戏之行。

自 20 世纪 90 年代初，两岸间政治气候融动以后，两地艺文界来往频仍，但作为专职导演应邀赴台导戏，我是第一人。在不到两个月的时间里，除排戏外，我到过岛内的许多地方，结交了许多好朋友。宝岛美丽旖旎的风光、岛内同胞的友善好客，以及所遇到的许多新鲜好奇的风土人情，均在我脑海中留下很深刻的印象，都

充满中国传统建筑风格的大歌剧院

五彩缤纷的豪华大巴士是我们的流动广告牌

很值得我去经常性的回忆和品味。但，印象最深的，还是在上边的图片中停放在我身后那辆装潢得五彩缤纷的豪华大巴士。因为，它不仅是专门租来供我们赴台北演出、到各地旅游观光时的运输工具，它还充当着一副内容丰富的无所不包的流动广告牌：你看那直奔主题、醒人眼目的橘红色标语"河南梆子来了！"；演出的剧目名称——"新编豫剧《狸猫换太子》"；强大的演员阵容介绍"豫剧皇后王海玲＋大陆表演艺术家马金凤＋鬼才导演石磊＆高雄市实验国乐团（即民乐团）"；梦幻阵容"颠覆'国家剧院'"等等，更重要的原因是：它还充当过我们的"排练厅"，在那里曾流淌过海峡两岸艺术家洒下的辛勤汗水。

按原定计划，我应于1997年的12月16日抵达高雄为台湾豫剧界的同仁们排戏，这样，距首演的日期尚有

两个月还要多一点的时日，用作排一个戏的时间是绰绰有余。怎料那个时节两岸尚未施行"三通"，"通关"手续又十分的烦琐，以至于延误了我按时赴台的时间行程。加之我抵达高雄的时候正值剧团放春节年假，又耽误了几天时间，而剧院的演出档期是不允更改的。这样掐指数来，距首演时间仅剩下40天。这期间剧团还要履行他们为前此所预先应承的演出合同，还得要除去台湾行政制度上雷打不动的所谓"公休日"，满打满算也就是20天时间，即160个小时。基于此，记得我当时采取了两项措施：一是趁剧团休假时，对导演方案再做缜密修改和设计，画出每一场的行动调度图，甚至连谢幕的时间和调度都做了事先的精细设计，这样，将来演员排戏时就可节省许多时间。第二项措施就是：动作部分留在剧团驻地的排练厅进行，人物分析和对台词部分就在随剧团外行演出的途中排，于是，演员乘坐的大巴车变成了排练厅。

记得就在这"大巴排练厅"内，我让有台词的演员团坐在我的附近，给他们念台词、扣语气、分析人物、讲戏理、教他们唱腔和帮他们纠正河南话。演员们一拨一拨的轮换，我却得不到一会儿的停歇，单人唱起了《挑滑车》。虽说辛苦了点儿，但见演员们学得很认真、很起劲，亦就自不觉累了……就这样，经过20几天的努力，《狸》剧终于3月6日如期在戏剧院公演并获得巨大成功。事后，仅在台北一地，就有8家电视台、两家广播电台和11家报刊报道了演出盛况并给予了高度的评价，可以称做是"好评如潮"。我们在"大巴排练厅"里的汗水没有白淌。

坦怀真诚民族心 诗书传讯爱国情

张国靖

十年前，海内外称誉为"天下独家"的著名书法家王渊华是民革福建省直逸仙支部党员。他在经历了整整十年的艰辛耕耘，漫漫 3600 多天的甜酸苦辣和艺术实践后，终于获得成功，创立独具风格、自成一家的独门艺术——王氏竹片书法，为中国书坛增加了一个新笔种。因此，他成为世所公认的竹片书法艺术家。该竹片书法已通过中央文化部《ISC2000 艺术价值标准评定》非毛笔类第一人。

1992 年，王渊华先后收到加拿大"国际文化艺术中心"寄来包括政府证明、公证、经济担保等邀请文书，聘请他赴加举办《国际首届王渊华竹片书法艺术展》。该年 10 月，他将上述书函复印件寄给台湾陈立夫先生，请他题写展标。数月后，他收到陈寄来两件题字并附一短信"渊华先生：兹寄书二纸，请晒纳是幸，顺候时绥！陈立夫 5 月 2 日（1993 年）"。从此，直至陈逝世，陈立夫与王渊华彼此之间连续 8 年鸿雁通邮传讯，互诉衷情，感人至深。

1994 年初，彼此首次互赠了新年贺卡。不久，陈立夫应闽北"朱熹研究会学术交流"之邀拟办证赴约，并嘱其秘书之妹通知王渊华"如能来南平，想会一会"。据说，当时台湾当局极力阻挠，又值其 91 岁老夫人仙逝，极为哀痛，终未能成行。此后三年间，只是一年一度互致新年贺卡问候而已。香港回归后，王陈之间沟通，书讯之间增进了有关海峡两岸开展"三通"及和平统一的话题。

1998 年 3 月，王渊华向陈老寄去长信，提及："国家兴衰，历史功过，自有权贵者担当，何劳区区庶民杞忧？晚辈自知人微言轻，却也自以为'卑贱不夺忧国志，但怀无愧民族心'"……4 月 20 日收到陈老回信，其中把"忧国"改作"爱国"、"但怀"改作"坦怀"。显然，陈老不唯勉励王渊华，亦兼含有以自表之意。1998 年末，

著名书法家王渊华

《王渊华竹片书法艺术》一书出版，王渊华托专程前来参加首发式的台湾文化界代表李宝堂先生带一本书和一幅《百福图》给陈老，陈即十分动情地回书题写"竹可供衣食住行育乐之需，故可称之曰万能之竹——珍贵先生首倡竹片书法艺术。陈立夫祝，时年九十九"墨宝回赠。

2001 年元旦前夕，王渊华从闽北南平搬迁福州，王照例向陈老寄出新年贺卡。1 月 19 日收到陈回寄的贺卡，附有"立夫因感冒转肺炎，正住院治疗中，承关怀谨致谢"。2 月 1 日王渊华寄去问候信，希望能逢吉呈祥，早日康复。2 月 8 日得到他当天逝世的消息。

革命先驱孙中山先生曾经说过："凡赞成和平统一者皆吾友，反对和平统一者皆吾仇。"著名书法家王渊华与百岁老人、国民党元老陈立夫以"坦怀真诚民族心，诗书传讯爱国情"为主题的 8 年文化交流不失为海峡两岸的一段佳话广为传诵，将永远流传下去。凡为祖国和平统一、为中华民族做出贡献者，历史是公正的，不会忘记他们！

爷爷的佳城

陈林曦

碑刻：福建长泰 显考陆军中将陈公噂林荣府君之佳城

1949 年，爷爷只身离开了大陆，留下了奶奶和八个孩子。之后通过香港 1971 信箱以及华侨友人，爷爷寄来了大量的财物供养他大陆近三十口人的家，从未间断，直至去世。

1972 年底，爷爷去世。友人转告老人家安葬在台北阳明山第一公墓，遗言有：一、想念大陆家，对不起大陆家；二、祖国统一后，叶落归根。算来爷爷离家已是六十年，辞世已三十七年，而至今仍不得相见。奶奶健在已九十，父辈们业已有孙。

2008 年 12 月 6 日，姐夫参加大陆某考察团赴台，期间违纪脱团（这种行为是不对的，在此深深道歉，恳请诸位基于人道主义精神予以谅解），赴阳明山寻到了爷爷的墓，跪拜，拍照。于是就有了这张照片。这是爷爷第一次受到大陆亲人如此近距离的问候！姐夫还徒手拔草，直至精疲力竭方才作罢。

爷爷一直是漳州（旧称龙溪地区）陈氏林氏宗亲的骄傲。看到爷爷的墓，我们心里都很难受，年久失修，荒草丛生，碑迹皆无：仅有"蔚章同志千古：谠论流徽。蒋中正题"隐约尚存，场面竟是如此凄凉。爷爷，请原谅我等子孙无能，无法到您的墓前尽孝！

这一切都是爷爷独自离去的后果。其实，当时奶奶和三个孩子是要跟着走的。父亲印象很深，当时他在要走的行列，证件都办好了。爷爷 1946 年退伍后，当选第一届国大代表，致力于家乡民主宪政工作，独自或联合捐建了福建长泰岩溪第一小学和师范学校，钱财尽释，以至于 1949 年无力举家迁移。和当时大多数人一样，爷爷仅能安排奶奶和部分孩子同行。不料，越到分手的时刻，反而是奶奶忍受不了骨肉分离的痛苦。曾祖母和奶奶的三个弟弟家还都需要奶奶的照顾，奶奶一走，家就散了！奶奶和身为军人的爷爷自 1936 年结婚以来，历经无数次生离死别，对于奶奶而言爷爷早已非常人。最后一刻，奶奶决定留下，一切和以往爷爷出征一样，母亲、弟弟和孩子们才是奶奶生命的意义！爷爷也不勉强，对于参加过福州辛亥革命、经历过淞沪战役、首都保卫战而幸存下来的军人，他有着自己对未来的理解。父亲清晰地记得，这次爷爷的离开很不同：爷爷没有像以往坐轿车，而是叫了一辆军卡，全家人挤在后厢，爷爷奶奶坐中间，曾祖母则把八个孩子轮流抱给爷爷亲啊亲，从漳州市区送到了厦门嵩屿。爷爷在厦门集结离开。这一年，父亲六岁，大姑十二岁，最小的叔叔才几个月。

奶奶王兰芳女士是一位伟大的女性，她牺牲了自己换来了曾祖母舅公父辈们的家庭欢乐，而历史却和她开了个大大的玩笑，不提也罢。我们作子孙的不用想都知道奶奶的今生心愿一定是早日和爷爷团圆，一定是有生之年能到爷爷墓前痛哭，而我们至今仍办不到，办不到！奶奶风烛残年，父辈亦渐行且老，唯愿两岸早日和解，自由行早日开放，满足我等孙辈尽孝心愿，带着奶奶的信物携着父辈沧桑的手去到爷爷坟前再流一把思念的泪。

爷爷思念我们大陆家，我们思念爷爷台湾家：大陆、台湾本一家。

在海峡那边举起华语文学奖杯

陈峻菁

1996年夏天一个炎热的下午，下了夜班正在午睡的我听到电话铃声，睡意蒙眬中我打起电话，听到一个柔糯温雅的台北腔："请问陈峻菁小姐在不在?"

打来电话的，是《联合报》的杨锦郁编辑，她告诉我一个好消息，我五月份向台湾《联合报》的小说投稿，竟然获得了当年度的联合报小说奖。这是台湾一个相当重要的文学奖，没想到这个文学奖的开放度如此高，以前从未发表过小说的我，第一次投稿，就获得评委老师的青睐。

后来我才知道，联合报文学奖的评审过程跟大陆完全不同，它不但密封了所有作者的名字，而且全部评审经过都一一公开在报纸上，每个反对意见和维护意见，都旗帜鲜明，一针见血，既犀利，又认真。

杨姐姐告诉我，联合报小说奖是台北文学界的一桩盛事，颁奖典礼会在11月底举行，《联合报》社邀请我去海峡那边领奖。

《联合报》颁奖典礼

这是件让我吃惊的事，1996年，海峡两岸的开放度有限，要去台湾领奖，估计比去美国领奖还难。

何况，一笔上万元的旅费，对于刚参加工作的我，也不是小数目，我没敢奢望这次领奖能够成行，但接下来，联副的盛情让我感受到台北作家们的亲切和热情，他们不但寄来了邀请函，为我办理好入台证，还多次打来电话，为我详细介绍办理入台手续的步骤，甚至为我提供了旅费，几经周折，我总算在11月底成行了。

记得去的那天晚上，飞机降落在台北桃园机场，联副的苏伟贞和杨锦郁为了接机，一直等我等到深夜。文学奖的颁奖仪式，在《联合报》系的度假村"南园"举行，这也是台北有名的度假村，里面到处小桥流水、亭台楼阁，充满了江南的气息，尽管时间到了12月，台北的气候仍然温暖如江南，走在南园中，我毫无异乡之感。

当天，由《联合报》发行人王效兰为获奖作家颁奖，她是联合报系创办者王惕吾的女儿，在她温文含笑地将奖杯递至我手上后，我兴奋地捧起了这座既沉重又珍贵的文学奖杯。

联副的朋友们告诉我，我是第一个来台湾领联合报文学奖的大陆作家，这个"第一"，让我感慨良久，残酷的历史，也许能割裂两岸近在咫尺的地缘，能割裂亲情，割裂家国，但却割不断这深藏在文化和历史之中的思念和血脉，联合报文学奖在十几年间，已经颁给了两位数以上的大陆作家，我们的故事，他们一样会深深欣赏。

源自同一条母亲河的中华文化，一直紧密连接着两岸，如今，我在大陆，也能见到很多台湾的出版人和影视人，民间的互动，仿佛冰河下的暗流，终有一天，能融化坚冰!

淡水夕阳下

吴　頔

前记：2005年9月，我有幸作为两岸青年学生财务、经济与管理研习营的大陆学生代表，穿越台湾海峡踏上了宝岛的土地。10天里由北向南，亲历梦中的101、西门町，梦中的台北故宫、淡水小镇，梦中的阿里山、日月潭，梦中的高雄港；聆听李钟桂女士、徐木兰女士还有江庆钟先生、林炯垚先生的教诲，在台湾的大学里认识了一帮同龄人，造就了一段如梦的旅程。

江庆钟先生晚上有事，不能陪我们去淡水，但依然开车把我们送到了捷运站。出了站口已是6点时分，落日的余晖正在深情款款地柔散，泛起优雅的金色。老街

夕阳下的淡水河波光粼粼、柔美温馨

上人不算多，两旁的小店已然亮起了小灯，恭候着客人的到来。这里的建筑小巧别致却又充满了岁月的厚重感，每一座都宛若一间博物馆，讲述着一段动人的故事。

台湾的同学热情地介绍着关于淡水的一点一滴，一阵喧闹之后，我们已置身淡水河边。或许是应验了"有水则灵"的古语，我不得不感慨原来最美的淡水藏匿在这里。只有在这儿，你才会惊叹淡水天生就是和夕阳联系在一起的。错落的码头、粼粼的波光还有静静的渔船，所有这些都在夕阳的照耀下呈现出一种近乎不真实的美。这种美古朴大气，它超越时空，又悄无声息地融入了生活。你会发现，悠悠的淡水河流淌的不再是河水，而是一种温馨质朴的文化；我们踏过的不再是石板小路，而是一段悠远绵长的历史。

大家都陶醉在这种直指人心的美轮美奂当中，一群人不知不觉地将步行的速度降至到最低。我的直觉里，驱使自己移动的其实不是双腿而是满脑的思绪。晃过神来，才感觉到阵阵的饥饿。在美食遍布街头巷尾的淡水让自己空着肚子显然是不对的，鱼丸汤、铁蛋、炸虾卷还有阿给都是极佳的选择。商量过后，一群人钻进了当地有名的一家"阿给百年老店"。阿给的做法是将浸泡过卤汁的粉丝装进油豆腐里面，一侧用鱼泥封住，然后放进汤中。简单好吃就是阿给给人的直接印象，此情此景，让我想起了北京后海边的豆汁爆肚，还有上海城隍庙里的灌汤小笼包。没有一

丝若即若离的疏远感，我在千里之外的台北同样找到了家的感觉。我想，这就是所谓的"缘"分吧，甚至是一种更深层次的，我们可以称为"源"分的东西。酒足饭饱，台湾同学极力要尽地主之谊为这顿晚餐埋单。盛情难却，我们恭敬不如从命。

夜色渐至，河岸上的人多了起来。人群中传来了悠扬的音乐声……是啊，淡水从来就不缺乏文艺气质。人们更多知道的是这里孕育出了辜振甫先生的博大情怀，但我们同样不能忘记这里成就了黄韵玲、潘越云们过人的才华，这里埋藏了张雨生交付的毕生灵感。一支口琴、一架拍鼓还有一把吉他，河岸边的家庭小乐队吸引了众多驻足的游人，大家一起体验着用音乐释放心灵的美妙感觉。伴着音乐，徐徐的微风轻拂在脸颊，湿湿的空气给人一种异样的温柔与性感。万家灯火的淡水小镇此刻虽然挤满了观光的游人，却自始至终从骨子里散发出一股撩人心魄的恬静。置身于此，你会发现手上的相机也变得无所适从，因为这里随处便是一道景致，遍地皆有一段风情。

后记：几百年前，意大利人马可·波罗游历中国，

淡水美食

就在人们惊叹于他书中所描述的天朝盛世的时候，马可·波罗却说这只是这个东方古国的十之一二而已。今天，我确信我有同当年老马同样的感受，我所看到的淡水只是台湾千娇百媚的几个掠影罢了……

乡愁最是牛肉面

叶 渝

悲欢人生的 2008 年，多难却也多喜。其中一件大喜事就是两岸终于开启了历史性的"大三通"，宝岛台湾与海峡对岸的大陆不再遥远，但对于我，反而有了一丝的近"乡"情怯。离开曾经生活过八年的台湾已有十年了，多少风土人情此时点滴在心头，最最令我难忘的仍是那些让人眼花缭乱、口不暇接的台湾小吃。这许多年来在世界各地我也品尝到了不同的宝岛小吃，不过精髓里都少了一味无法复制的"乡愁"……

记得在台北读大学时的"夜猫"年代，不管是用功还是爱玩的学生均有宵夜的习惯，学校周围的夜市整晚都是灯火通明、人潮熙攘的，各式各样的小吃琳琅满目，其中台湾牛肉面是既实惠又美味的首选，也成了我的最爱！即便是大热天的挥汗如雨，也抵挡不了那扑面而来的阵阵牛肉飘香，常常是一撮面、一块肉、再喝上一口汤，当之无愧为"人间美吃"！

大学的一年暑假，有幸跟着一位研究民俗学的教授走遍宝岛，实地考察并"乘机"品尝了当地的许多著名小吃，更因地缘关系，台湾牛肉面几乎成了每日一顿。台湾的牛肉面一般分为红烧（川味）和清真（山东）两种，据说台湾人本不爱吃牛肉的，牛肉面是一些从大陆退到台湾的外省籍老兵在卸甲归田后却有家归不得的情况下，用思乡的情感熬出了美味好汤，便有了添加上许多像我一样离开台湾多年后却思念起的"乡愁"——那是再好的文笔都写不出来的特色风味。

台湾牛肉面中最有名还算是台北的桃源街"王记牛肉面"，秘诀在于它那浓味醇香的"汤灵魂"，大部分的台湾牛肉面都是沿袭传统川味加上豆瓣、辣椒酱的做法，但是又和了台湾道地的沙茶酱；而牛肉则选材略带胶质的腱子肉，过沸水氽烫、浸泡、去除血水，先把葱、姜下油锅爆香。在大火煮开滚水前，放入牛肉、姜片、大蒜、酱油及调料包如桂皮、八角、花椒等，沸滚后接着再小火慢炖两小时，这样的牛肉吃起来香气十足，而且软而不烂更具有口感。

在台湾吃牛肉面如果未配有酸菜，就顿时好像少了那么点画龙点睛的效果。酸菜炒得好坏和添加恰时与否还攸关着吃面的口感，当牛肉面上桌的时候，我通常不会马上就加进酸菜，而是先品尝几口原汤的滋味，再酌量添加，以免抢去牛肉本身的风味；待酸菜融入了汤里，便改变了牛肉面的味道，也会让面吃来更爽口，在不知不觉间，一碗牛肉面连面带汤即被我统统吃个精光……啊，好个台湾牛肉面！

随着山城重庆也成为了第二批开放直航台湾的城市，我亦随时随地可以再去看一看阔别多年的宝岛、再次品味一番想必更精益求精的正宗台湾牛肉面，当然，还有那无形中莫名的绵绵"乡愁"，魂牵梦萦、一解方休……

人间美吃——台湾牛肉面

外婆的澎湖湾

陈元姮

"晚风轻拂澎湖湾，白浪逐沙滩……"，刚离开台湾的头几年，每当听到《外婆的澎湖湾》这首歌曲，眼泪都会夺眶而出，虽然没去过澎湖，但它总会牵动我对外婆的思念。

外婆生于1910年的日据时代，幼年失怙，早年守寡，后独自抚养三女一子，因此母亲少时辍学帮助养家糊口。作为外婆最贴心的女儿，母亲婚后也一肩挑起赡养的责任，所以她一直和我们生活到舅舅娶妻，爱屋及乌，我也成为她老人家最疼爱的外孙女，自我懂事开始，就立下志愿长大后要好好孝顺她，让她安享晚年，然而事与愿违，1981年底，先父费劲思量获得来自大陆的一封家书，改变了我们一家的生活轨迹。

1982年6月，同为本命年的外婆和母亲经历了一场生离死别，因为父亲心意决绝，将带着母亲和我到广西南宁与大陆的亲人团聚。往事历历在目，临行前夕外婆哽咽地对母亲说：他大陆有原配妻子、两个儿子，还有弟弟妹妹那么多人，你这一去是"孤鸟入人群"呀。在那个两岸不通的年代里，我们这一走，真的不知道何年何月才能再见。而作为出嫁从夫的母亲只能百般不愿意地离乡背井，同时更担心的是，将永远见不到年逾古稀的老母亲——我的外婆。

1994年6月又一个狗年，我们终于能够回台湾探亲了。我一直认为迄今为止上天给我们最大的恩赐就是让84岁高龄的外婆神智清醒地等着我们回台探亲。当时的外婆双腿已不能行走，只能住在安养中心终日卧床。记得重逢的那天，为了不让她老人家太激动，舅舅先一步告诉她妈妈和我回来了，她根本不敢相信，以为舅舅开玩笑，而此时在门口等候的妈妈和我却早已迫不及待地泣不成声了。在有短短的两个月探亲时间里，我们尽可能地多陪她聊天、给她买好吃的，这不仅仅是给她老人家的一点点安慰，也让已经成家立业的我有机会表示孝心而减少一些遗憾。探亲时限到了，临别依依，外婆表示只要我们再到台湾定居，她仍然和我们住在一起。可是，她老人家不了解，除去工作和家庭的个人因素外，台湾当局的现行规定是根本不允许我们再申请定居的。

1995年10月，在我们来不及计划二度回台时，噩耗传来，外婆真的与我们永别了，舅舅电告我们，在她生命的最后那一年多，老人家还一直眼巴巴地想着、盼着。

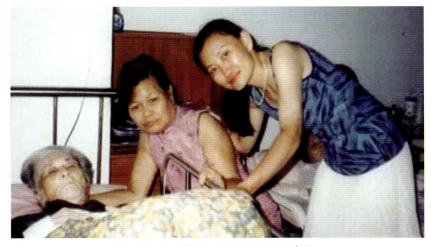

作者（右一）与外婆、母亲摄于台北安养中心

缺　憾

成丽梅

我的爷爷，1997年10月在台湾去世了，这个消息是台湾的叔叔在爷爷去世几个月后才写信告知的。由于种种原因我的父亲想去台湾看望爷爷、祭奠爷爷的愿望到现在都没有实现。

父亲7岁时，爷爷随部队走了，从此杳无音信，1979年的一天，一封从台北寄来的、辗转了几个月、放在邻村无人收的信，通过一位比较了解我们家族的老教师转到了父亲手里，老教师问父亲："信封上的名字是否是你姨父的名字？"父亲看后说："是。"老先生说："终于找到了，你姨父全家不在家乡已经几十年了，现在也不在人世了，你打开看看是谁给他写的信。"父亲打开看后，才知道是小"三通"后爷爷写给连襟试探着寻找家乡亲人的信。我记得接信后，全家人抱在一起哭，爸爸更是几天几夜睡不着觉，在"文革"期间全家人因爷爷的事被送回了农村，亲戚们怕受牵连也不愿意和我们来往，但我们谁也不知道爷爷是否还活在世上，现在失散多年的亲人终于有了音信，父亲赶紧写了回信，介绍了亲人们的情况，还走到30多里外的县城里照了全家福给爷爷寄了去。几年过去了，书信寄托了两岸亲人的无限相

我的爷爷、奶奶和叔叔1979年在台湾家中

思，几时能相见是信中提及最多的话语。

1987年的腊月，爸爸终于拿到了去香港的签证手续。爷爷从台湾到香港，爸爸从大陆到香港。大年初二，爸爸从家出发到香港等爷爷，在香港启德机场，爸爸记忆深处的影子出现了，相隔四十多年的父子相拥痛哭，这瞬间爷爷记忆中7岁的小儿成了现实中年过半百的儿子，爸爸记忆中年轻英俊的影子成了现实中白发苍苍的老人。此后一年多，爷爷的信少了，电话更是没有了，爸爸也变得沉默寡言，心事重重了。

1989年5月的一天，爸爸被所在的工作单位办公室叫去，说：接到郑州机场一个电话，要你到那里接一位从台湾来的、行动不便的老人回家。爸爸听后很疑惑，在香港时爷爷很健康，这两年也没说要回来呀？会是谁呢？不过既然是从台湾来的又指名要他去接，一定是有爷爷的消息吧，于是爸爸带着疑惑租了辆桑塔纳去了郑州机场，到机场后，才知道来人就是爷爷本人，爷爷因脑中风说话也不清楚，所以写出了爸爸的姓名和工作的单位，叫工作人员帮忙，这才找到了爸爸。在机场见到爸爸后，爷爷急得流着泪含糊不清的简单重复着："我的儿，我回来了，我们快点回家吧！"这样爷爷终于回到了日思夜想的故乡。在家乡居住的两个月里，爸爸带他到北京同安堂看病，使他的身体恢复得很好。他高兴地说："还是大陆的中医好呀！"

爷爷去世到现在已经有12年多了，父亲还是未能实现到台湾看望爷爷、祭奠爷爷的愿望，这是爷爷的遗憾，也是我们全家的遗憾，随着海峡两岸"大三通"的开通和两岸形势的不断好转，我想爸爸的愿望一定能够实现，爷爷九泉之下应该有知。

有朋自远方来，不亦乐乎

杨文庆

民革中央副主席修福金（右一）联络部长郑建邦（中）台湾学生萧雅如在日月潭畔。

内心千呼万唤，等待重逢相见。
日夜朝思暮想，美梦终于实现！
我敬爱的民革长官们，遵守着两年前的约定，
乘着两岸开放的契机，带来我们殷切的期盼。
以往　跨越海峡，是多么遥远、多么艰辛。
现今　来回两岸，是如此快速、如此便捷！

中台湾的金典酒店，
23层楼高的套房，俯视着中港大道的星光银河、
台中夜晚的瑰丽，一览无遗。
而房间内，也上演着久别重逢的欢悦，
与尊敬的郑部长和亲爱的杨处长的彻夜长谈，
仿佛时光倒流，就如同当初在大陆的杰青，
纵使再疲累，也要把握难得的每一分每一刻。

我们闲聊过去，聊的是杰青团在大陆的点点滴滴；
我们畅谈未来，谈的是青年们回台后的风风雨雨；
总是时间改变、空间改变，不变的是……
民革长官们对于我们，依然抱着深切的关怀，
依旧怀着高度的期盼，盼着这一群中坚青年，
能够为两岸发展、社会和平再尽一份心力。

风和日丽的日月潭，
一扫前日的阴雨绵绵，
我们的热情，就如同中台湾的太阳，
展开双臂欢迎您的到来。
旅程上更结识了修主席、刘教授和陈大姐。

也让我这位台湾人体验了一次"大陆人游日月潭"
的感受。
包下游艇，恣意漫游在日月潭中……
人生能有几回？
品尝着阿婆红茶叶蛋，欣赏着日月潭好风光。
踏寻着登高朝圣精神，眺望着湖面波光粼粼！
原来游日月潭也可以这么的乐活。

团圆饭，
谁说非得逢年过节？
千里迢迢来到台湾见了久违的朋友
这样的感动，我想就如同家人欢聚般的一样幸福！
在一个独具台湾风味的餐馆用餐，
这一餐，我想应该也是修主席、郑部长、杨处长、
刘教授……
在台旅游的行程中
品尝到最地道台湾风味的一餐。
香酥飞天虎、炒山苏、客家小炒、菜圃蛋、烤香鱼、
梅干扣肉、白斩鸡……
外加台湾丰美多汁的水果，
还有当地私酿梅子酒，
这的确是连我这台湾人都爱的一餐。

一天的陪同旅游，
历经两年的等待。
一辈子的朋友重逢，
更是我满心的关爱！
有朋自远方来，不亦乐乎！

迟来的团聚

鲁有仙

父母的结婚照

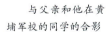

与父亲和他在黄
埔军校的同学的合影

1970 年，当我下乡一年多的时候，与我从小相依为命的爷爷突然病危了。我从乡下急忙赶回城里。爷爷拉着我的手说："孩子啊，以前我给你说你的爸爸、妈妈死在台湾了，其实我并不能确定，也许他们还活着，也许他们还活在世上，可能他们也很想回来，但是我可能等不到他们了，以后如果他们回来的话，你一定要和他们相认。"说完这些话，他把我父母的结婚照，还有他们的结婚证书交给了我，说这是他们留下的唯一东西了。当晚爷爷就过世了。

我拿到这些东西后思绪万千。从小我就听大人们讲，说你的父母不要你了，他们到台湾去了，回不来了。我一直以为他们都过世了。现在知道他们有可能还活着，我内心久久无法平静。我拿着照片仔细地看着，觉得我有着他们两个共同的影子。

办完爷爷的后事，我回到了乡下，我在乡下做了十年的民办教师，过着平凡的生活。1979年随着知青大返乡，我回到了城市里，依旧过着平凡的生活。

这种宁静的生活在1984年的一天被打破了。1984年春天的一个早上，我收到了一封从海外寄来的信。打开信一看，原来是我从未见面的父亲从美国托人寄来的。信中写到，他一直想回大陆来，但是那片浅浅的海峡却阻隔着他想回来的步伐。他在信中问到爷爷，问到我，问到这里房屋，这里的一草一木。思念折磨着他，他急切地想要了解远方的亲人过得怎么样？在缺少了他的日子里家人们是否过得安好？家乡的青山绿水是否依旧？

接到这封信，我的心久久不能平静，37年了我才第一次接到父母的亲笔信。父亲也不曾料到当年匆匆一别，竟是和爷爷的永诀！也许他以为过几年就会团聚，哪知道走后，留下的全是亲人的期待，亲人的思念。我回了信，告诉他爷爷已经去世了，其实他也料到了，也许爷爷就是因为思念过度，带着对儿子的思念，带着对世间的留恋遗憾地走了，如果能够见到儿子一面，那也就死而无憾了。

1988年台湾开放了到大陆探亲，父母亲迫不及待要回来探亲。1989年春节我和从未谋面的父母亲见面了。此时此刻，内心激动无比，多少年的苦难，多少年的思念，多少年的乡愁，多少年的怨顷刻间化作泪水，一泻千里，说不出话来。我带着家人去机场接他们的时候，虽然大家从来没有见过面，但是当他们一走出机场的时候，所有人就一眼认出了我的父母，因为这里有着血脉相连。这就是亲情，这就是血浓于水，血缘相连的亲情，是一眼就能认出谁是自己的亲人。我们有多少思念，多少牵绊此刻都化作泪水。因为终于回到了他们一直眷恋的家。

1990年，我去了台湾，见到了在台湾出生的我从未见过面的弟弟妹妹们，我和他们一见如故，我们之间仿佛有说不完的话，有做不完的事，虽然分割两地，但是仍然有着血缘情深的悠悠情怀。我们一家人终于迎来了这迟到了四十年的团聚。

如今照片中的很多人都已过世，他们生前最大的愿望就是海峡两岸能够早日三通。

中国人就是这样，无论隔着山，隔着海，隔着岁月，但在中国人的心里总是绵绵不断地流动着一条血浓于水的河。

最有滋味的寻古之旅

吴建华

西子湾畔打狗领事馆

早餐用毕，导游莫小姐对我们说："今天，我带你们去打狗英国领事馆游览。"大家都觉得很疑惑，为什么英国领事馆前面要加"打狗"两个字呢？她看到我们的表情，就讲起打狗英国领事馆的悠久历史。

位于高雄市鼓山区的打狗英国领事馆，1865年竣工，1987年被台湾"内政部"公告为二级古迹，是台湾历史上的第一栋"洋楼"。高雄港口一带原是原住民平埔马卡道族人的居住地，"打狗"二字是根据原住民土语发音而来。清同治年间，英国在此设立全台首个外国领事馆。后来，日据时代改用日语汉字记音，才将"打狗"改写成"高雄"。

领事馆坐落在海天一色的西子湾山上，依山顶之坡地由英国技师设计、督造，整座建筑以红砖外饰，里边设有领事办公室、领事书房、领事卧室、领事餐厅等。它的出现，对于后来台湾的洋楼建筑提供了一个技术与形式结合的样本。精良的红砖建筑，两侧展现文艺复兴时期建筑美感的拱型回廊，有避开南台湾骄阳和暴雨之效。回廊的圆拱在夕阳下被映照得更显古意盎然。竹节状的落水管是清末洋楼的特色，连续的半圆拱外观非常具有节奏感，而转角处的拱圈较小且墙柱大，在力学上有强固作用。再往外看去，从屋顶沿墙而下的竹节状落水管是清末洋楼的特色，至今仍保留使用。外墙的柱子砌成凹凸齿状，以及墙上圆圈的装饰，以精良的砖工砌出的空花洞栏杆，处处显现和谐美感。

我驻足领事馆，往西远眺，大海中南来北往点点船只，赏心悦目；向东远望，繁忙市区，现代港口，历历在目。俯瞰整个港口，任凭习习海风吹打，慢慢品尝咖啡美食，可令人心胸舒展、遐思无限，这才是最有滋味的寻古之游。

驻足远眺高雄市景

士林夜市游

吴 建 华

许多白天忙忙碌碌的都市人，每当夜幕降临之际，总会三五成群，携亲带友到台北士林夜市品尝小吃、逛地摊，在人群簇拥中，享受一次别具一格的梦夜之旅。

1909 年设立的士林夜市，此地原是靠近基隆河的渡口，士林的农产品都在这里交易。历经百年沧桑，士林夜市现是台北平民最著名的夜市好去处，很多民众为此慕名而来，甚至连国外游客也不例外。商家林立，摊位遍地，夜市可分两大部分，一是慈诚宫对面的市场小吃；另一是以阳明戏院为中心，包括安平街、大东路、文林路围成的区域。南北杂货、流行服饰、各地小吃，人山人海，到处洋溢着市民祥和的氛围。

在士林夜市里可以尝到各地物美价廉的美味小吃，如青蛙下蛋、上海生煎包、广东粥、章鱼小丸子、日式寿司、无烟烤肉、沙茶羊肉、龙门东山鸭头、清蒸油炸肉丸和珍珠奶茶等等，原汁原味、味道鲜美、林林总总、各有千秋。这里，是一个美食世界大舞台，演出了色、香、味、形一首又一首的交响曲，令人陶醉。保证让您回味无穷，吃了还要吃。其中，"大饼包小饼"可说是士林夜市最知名的小吃，做法是在大张面皮中包小油酥

三十年老摊子

饼，内馅则分甜、咸两种，甜的有豆沙、芋头、枣泥等，咸的则有花生、咖喱等，别有风味。

在"豪大大鸡排"摊位前许多百姓排队等候购买，看到那一块块刚炸成金黄色的大鸡排，闻到诱人的鸡香时，说不定口水已情不自禁而流了出来，请不要见怪。当你咬上一口热呼呼的鸡排时，被外皮香脆、里头鲜嫩多汁所诱惑了，都会异口同声说，"味道真是好极了！"

朋友，假如有机会的话，可以到士林夜市去逛一逛，肯定有新的感受，会等待你的体验与发现。

高雄港印象

吴 建华

港口风景阅不尽

美丽的海湾

高雄，旧称"打狗"，那是一个有自己历史发展的城市，是有自己独特韵味的热带城市。高雄港所在地原为明朝后期的一个小渔村，它位于台湾岛西南沿海。自1863年开港以来，历经百年沧桑，拓建、发展，变成了一座现代化的港口城市，台湾南部的工业中心。海上交通门户和对外贸易口岸建有海底隧道使港区与市区相通，港区公路与市区公路连接成网有铁路和干线公路经市区与港口衔接。高雄港各类设施齐备，港区内的装卸运驳已达机械化和自动化。每年进出港口的大小船舶达万艘以上，航线遍布三大洋，通达五大洲。同时，高雄港又是游览胜地，是世界著名的港埠，游客们可以在休闲之时，来到风景如画的高雄港，观赏令人陶醉的水都风情、感受气势宏伟的港湾之美。

高雄港附近的景点也十分丰富，旗津风景区、旗津

天后宫、柴山风景区、爱河、西子湾风景区、旗津海水浴场，等等。

15公里长的爱河横穿高雄，河水在这里注入气势非凡高雄港，有20多座桥梁横跨爱河。每当夜幕降临，海河两岸建筑物的照明灯、道路的路灯、商家的霓虹灯一起开放的时候，赤、橙、黄、绿、青、蓝、紫各种颜色交相辉映，十分壮观，成为高雄夜景风光最美丽的地方。

站在高雄港前的山丘上极目远眺，高雄港码头红紫娇艳、绿树遮阴。黄昏的台湾海峡，海面波光粼粼、金色和银色交错的编织着海的颜色，钢铁巨船出出入入高雄港，叙述了高雄的航运史、经济史，告诉我们高雄的经济的活跃，也告诉我们高雄在台湾的经济地位。

当夕阳降临的时候，我怀着依依不舍的心情，告别了现代化的港口——高雄港。

43

做客台湾伯父家

刘　阳

作者（右一）同中共荥阳市委领导付建峰（右二）与伯父刘应乙（右三）一家人在台中市合影

2004 年 6 月，我到台湾进行文化交流活动。临行前，特通知了在台湾的伯父，得知这一消息后，老人高兴的连续几夜都没有合上眼。

小时候听奶奶讲，伯父早年到南京读高中，后来随学校迁居台湾，几十年来杳无音讯。奶奶临终前，拉着我的手说："你可不要忘了台湾还有你伯父。"1982 年，奶奶去世不久，早春的一天，邮递员骑着自行车飞快来到我家，送来从台湾寄来的伯父来信。然而奶奶却看不到了。

初到台湾的第一印象就是亲切，尤其是台北人大都讲普通话，所以没有任何语言上的生疏感，台湾满街的汉字，虽然都是繁体字，但我都能认得出来。其实，在台湾的感觉与在大陆沿海城市的感觉没有什么两样，有时甚至会有一种忘记自己身在台湾的错觉。

翌日，我从台北乘车到台中市，伯父全家早在宾馆等候着我们到来。与伯父相见后，我们紧紧地拥抱在一起，潸然泪下。在伯伯家的会客厅里，伯父讲述了他在台湾 55 年来的学习、工作、生活等情况。伯父到台湾后就读于台湾海军官校，曾任海军舰舰长、上校主任教官、东海大学教授。末了伯父急切地询问着家乡的变化和亲戚朋友的情况。在伯父家虽然只住了短暂几天，但对我而言收获甚多、感触最多，我忘不了与伯父相见的激动场面，忘不了日月潭、阿里山，更忘不了与台湾亲朋好友相处的朝朝暮暮、日日夜夜。

台湾慈湖的绿与宁静

陈吓娟　林亚凤

宁静的台湾慈湖

　　慈湖为蒋介石生前钟爱的休闲处，故蒋介石过世之后，遂遗嘱厝灵柩于此。慈湖的湖光山色，相映成趣，一派迷人。它穿越了历史的时空隧道，历史的尘烟已经散尽，神秘褪色后依然美丽动人。宁静的湖面引人沉思；谒陵的氛围，有了少许返璞归真，依旧有一种说不出来的厚重；整个景区，朴实幽美。

　　慈湖的绿相当诱人。它是台湾这个"天然植物园"极其重要的组成部分。

　　宝岛台湾，如今全岛的森林面积约为 186 万公顷，是我国森林覆盖率最大的省。

　　慈湖俗称牛角楠埤、埤尾，位于大溪镇，是一座人工水库，分前后两湖，前湖较大，后湖略小，壮若新月。因景色幽雅，与浙江奉化的景色很相似，蒋介石为追思慈母王太夫人，故将此地改名为慈湖。

　　沿湖遍植黄椰子、蒲葵、修竹，形成一条苍翠藩篱，大汉溪的清流激湍映带左右，风光旖旎，成为一座小小的天然湖山公园。绿意盎然的花园，每逢初春，便百花盛开，闲步其中，如诗如画。

　　大溪陵寝为蒋介石陵墓，可入内瞻仰仪容。往复兴方向，沿途旅游点甚多，亦是桃园县旅游精华区。

东亚之光

陈吓娟　林亚凤

鹅銮鼻半岛位于台湾的最南端的恒春风景区，地势东陡西缓，沿岸布满珊瑚礁。"鹅銮"一词为排湾族语，有"帆船"之意；鹅銮鼻的地标为鹅銮鼻灯塔，也是台湾尾的代表。

鹅銮鼻灯塔是台湾17座灯塔中最为雄伟壮观的一座。灯塔塔身全白，呈圆柱形，高18公尺，周长110公尺，分4层，光力可达20海里之远，强度几为亚洲灯塔之冠，使夜里航行在附近大海中的轮船，远远就能看到它，是远东最大的灯塔，距今已有一百多年的历史，有"东亚之光"的美誉。它曾经照射和穿透"台独"迷雾，也将照耀台湾的回归航程。这束光，是中华文明的光，这束光，凝聚着中华民族的向心力。

公园位于灯塔右后方的海岸边，占地59公顷，是以珊瑚礁石灰岩地形为主的风景区，有一条赏景路线贯穿好汉石、妙妙洞、沧海亭、迎宾亭、猎猪石、相逢谷、古洞、虬榕、非非洞等18处胜景。而白色的"台湾最南点"意象标志，侧看像拇指，清楚的标示出地球上台湾最南点的所在位置。

巴士海峡和太平洋的滔滔白浪经年在此澎湃交锋，而鹅銮鼻灯塔耸立海岸边，始终静默护卫着台湾的最南线。

这里，自然景色优美，气候宜人。

东亚之光——鹅銮鼻灯塔

台北·蜡像·伟人

易高强

台北蜡像馆于右任蜡像

葬我于高山之上兮，
望我大陆；
大陆不可见兮，
只有痛哭；
葬我于高山之上兮，
望我故乡；
故乡不可见兮，
永不能忘；
……

我想所有民革的同志都知道这耳熟能详的悲情诗词，也知道充满着对祖国大陆无限眷念的作者于右任先生。

1987年11月1日，台湾当局开放回大陆探亲，使封锁长达38年之久的亲情、乡情得以释怀。父亲也就是那年回到了我们身边，并曾给我讲过这样一个故事：说在于老晚年的时候，有一位年轻的女记者在采访先生时问道："于老，您的这副美髯，是爱之护之有加，您在睡觉的时候，是将它放在被之里？还是被之外？"而当时于老先生真还没有回答上来。

于右任先生是国民党的元老，陕西三原人，光绪年间举人，早年加入光复会，曾在国民党的审计院、监察院连续任职达34年之久；他既是爱国的政治家、革命家、辛亥革命时期的报刊活动家、教育家，还是中国近代书法艺术家。

1993年，我在台北参观蜡像馆时，特意拍下了这位伟人的照片以作纪念，寄托我内心的敬仰之情。

桃源一日游

易 高 强

1993 年元月 10 日，由姑丈、姑妈带队，我们全家从台南北上，到达桃源县中坜市堂叔仲和家，得到热情的接待，几十年分别，走一次这样的亲戚，难得！

第二天，在堂叔的安排下，分乘两台小车，开始了桃源县的景点游览，第一站是石门水库，该水库是台湾的第二大水库，（排名第一是台湾南部的曾文水库），坝高有 133 米，设置有后池堰、发电厂、石门大圳及环湖道路。一行十人，乘坐游艇，湖面波光粼粼，两岸青峰翠峦，真使人心旷神怡。

在观赏之后，最让人心醉的是那里的鲜鱼多吃，当时就点了一桌"一鱼四吃"，再配上其他水果饮料，独具风味。

第二站是游览"小人国"，刚开始，他们说去小人国，原以为是身材矮小的侏儒集中表演的地方。进得园后，才知道是将大陆和台湾的著名风景名胜微缩，类似当时深圳的锦绣中华，也有亚洲、美洲等地少量风景，共有 130 多处；像故宫天坛、长城、承德行宫、龙门石窟等等，都一一展现在你的视野之中。

第三站参观慈湖，慈湖俗称牛角楠埤，位于大溪镇，是一座人工水库，前后两湖，景色优雅，与浙江奉化的景色很相似，蒋介石先生为追思慈母，故将此地更名为慈湖，正因为如此，蒋先生过世后，遂遗嘱厝灵柩于此。

桃源县石门水库留影

进入陵园门卫，管理相当严格，还得开具"路条"，沿途宪兵，便衣不少，显得庄严肃穆，略带几分阴森，进得陵寝前，只听得全副武装的宪兵"咔嚓"，立正示礼，陵前摆放着蒋夫人送的十字花圈，外厅有台湾安全委员会、陆军总部等赠送的花圈。原本计划再去头寮（大溪）的蒋经国先生陵寝参观，确因时间赶不过来，只得作罢。

整个桃源县旅游资源是相当丰富的，海水浴场、瀑布、温泉、公园、风景区、游乐场等 40 余处，只因时间所限，选择性作了个"桃源一日游"。

宝岛偶得奇石记

倪国荣

奇石

2007年秋，余从新加坡赴新竹探望姑母。11月14日晨，在环台湾岛游尾声时与妻小包计程车，游花莲市太鲁阁后返回七星潭赏海景，尽情在海滩嬉水以尽余兴……不觉情不自禁地向深水区移动，将一日之疲劳和烦恼，都抛到爪洼国去了；那时已是夕阳西下、海天一色，吾正欲摁快门拍照，殊料一阵巨浪迎面扑来，将全身打湿，一家人被冲到一沙丘上，在惊魂甫定后就地休息，无聊时胡乱翻拨沙堆，忽见一块顽石卧于其中，随

意取之。粗估该石重3千克左右，四角浑圆（属沉积岩），层面碧绿，乳白相间，背面宛如碧浪白波似风云变幻，而正面凸起部分轮廓竟俨然像宝岛图案——浑然天成绝非人工雕琢。求教海滨旅游者，均人见人爱个个叫绝；于是赶紧"鸣金收兵"，在车上拿出台湾旅游图对照，只见两者惟妙惟肖！回沪我将它养在水盆里，并告知来沪的家兄，彼见之惊曰，此石与长沙烈士公园《奇石馆》所见之镇馆宝石"碧玉山"，虽大小迥异，但纹理色调如出一辙！吾酷爱旅游，2008年端午再次去新加坡，行前赴长沙再次甄别，原以为是"石"，不料身价百倍升华为"玉"——据该馆《石头记》刻石云："这是一块无价之玉，一尊永远的图腾。这来自格尔纳利河。爱石人雇用百人，耗时近两年，修路七十多公里，建桥九座，花巨资落户星城长沙。"

每个奇石背后都有一段故事佳话，或平淡或离奇，或刻意追求或几乎失之交臂。此次宝岛遇险偶捡得一石，可谓无心插柳柳成荫吧——此一奇也；石上凸现台湾地图轮廓，惟妙惟肖，算二奇乎？而远在千里的长沙，竟然在奇石馆发现该石的同质体，乃三奇焉；于无意中得知其材质均属碧玉石，谓四奇哉。

如今海峡两岸空运已截弯取直，当欢迎台湾亲友返大陆探访，共赏奇石。

感受美景台湾

佚 名

2008 年的暑假生活，我们每一位都过得五彩缤纷吧，因为是中国的奥运年，我们特高兴。对我来说，还有一件事更使我难以忘怀，就是终于如愿以偿，来到了向往已久的阿里山。海拔 2400 米的阿里山台湾森林自然保护区，被台湾当地民众奉为神山，距嘉义市仅 78 公里。相传 250 多年前曹族一位首领"阿巴里"首先发现了这座山，勇敢善猎的他经常翻山越岭携族人一同入山打猎，往往满载而归。阿巴里去世后，族人为感念他，遂将其大山命名为"阿里山"。

阿里山为台湾最高峰玉山的支脉，共由 18 座高山组成。日出、云海、晚霞、森林与高山铁路，最具特色，合称阿里山五奇而闻名遐迩。在我见到的台湾自然景观中，最令人感到震撼的则是阿里山的莽莽林海。阿里山的森林面积有三万多公顷。这里生长着热带、亚热带、温带和寒带的四大类型植被景观，一望无际的大森林随着地势连绵起伏，微风吹动千枝婆娑，好像大海中涌起的层层波涛。

同行的台湾朋友告诉我，阿里山的原始森林被称为山的灵魂。当我身临其境时，只见群峰参峙，溪壑纵横，

阿里山早晨的一束阳光

既有悬崖峭壁之奇险，又有幽谷飞瀑之秀美，山光岚影千姿百态，茂林涛声各尽佳妙。我去过大兴安岭、小兴安岭、湖北神农架、俄罗斯远东地区的原始森林，唯有这里更令我感到惊奇。阿里山的植被保护令人赞叹。上百年的大树举目皆是，走在森林公园里，犹如在一座巨大的自然氧吧里，给人以宁静、清新的感受。似乎阿里山的树有灵性，更像威武的将军一样使人望而生畏，肃然起敬。高 40~50 米挺拔的冷杉和桧树，如竹丛一般茂密，几乎没有一线阳光能直射到地面上。在通往阿里山

早晨阳光下的阿里山云海

的大树了。三代树总计年代为3050年，故被誉为神树，绝无虚名。它景观与阿里山可谓齐名远扬，再成奇观。

黄昏的时候，阿里山经常出现景色壮丽的云海。白云从山谷涌起，迎风飘荡，把山谷和林海遮的若隐若现。人立山峰，林涛阵阵，遥望足下，仿佛是一片白浪翻滚的海洋，犹如置身海上仙山之中。

春季的阿里山，花团锦簇、游人如织，美不胜收。炎炎夏季，徜徉在森林里清爽宜人，听鸟语闻花香，处处弥漫，令人享尽森林浴的乐趣。秋季除了观赏

山顶的道路两旁，有许多被当年侵略台湾的日本军国主义分子砍伐后的大树残根，在树林间清晰可见。有的树根需几个人（至少4~5个人才能环抱），当年这些树是多么的巨大便可想而知了。这就是被当地居民奉为神树的大桧树。在原始森林中，这些大树的树龄皆在2000年以上。其中，现存的一号神木的树龄达3000年，二号神木2500年。二号神木，树干直径5.3米，周长13米，树高50米，目前仍是枝繁叶茂，生机盎然。桧树为台湾所独有，其特点是木质坚韧，不裂缝、不变形，成为日本建筑神社的主要木材，因而伐木是日本当年修山路的主要目的。据当地人讲，桧树是有灵性的。20年代，日本人砍伐了几棵大桧树，准备运走，而运大树的车翻到了山底。后人在三号神树的旁边，建立了一个"树灵塔"，以此纪念那些被砍伐大树的灵魂。更令人惊叹的是一些死亡的大树有着顽强的生命力。在残留腐烂的树桩上又孕育出一棵或数棵树来，其中最令我难以忘怀的一处是被称为"三代树"的景观，前二代已死亡，第三代生长在第二代枯死的树干上，现郁郁葱葱已是一棵枝叶参天

日出的朝阳与夕阳余晖璀璨的晚霞外，更是欣赏云海翻腾波涛起伏的壮丽奇景的最佳季节。冬季则是观赏枫红层层落叶缤纷的季节，满山的青枫、红榨槭，艳丽脱俗耀眼极了。

在阿里山观日出，景色更为壮观。这里看到的是太阳从玉山主峰升起的奇景。朝阳将出之前，霞光逐渐从东方弥漫升起，将天空染成金红一片，灿烂夺目，刹那间太阳自峰顶蓦然腾空，知道阿里山，还是从"日月潭碧波在心中荡漾，阿里山林涛在耳边回响"的歌声中开始的。

台湾，如此一个让人瞩目、让人欣羡的美丽宝岛，是我们中华民族的希望和骄傲，是大陆经济发展的一个近在眼前的参照。行文到此，天府与否已经不再重要，重要的是我们能够就此展开想象的翅膀，让思想在自由的天空飞翔。飞过长江黄河、飞过海峡、飞过阿里山、飞过我们心中的崇山峻岭。让我俯视神州大地，发自肺腑地说一声：我爱你，台湾！

深深的心愿

韩中光

母亲江时于1927年8月出生在台湾阿里山下一个叫梅山的小镇。1947年7月，她随我的父亲踏上大陆，直到病逝竟再也没有能回老家看上一眼。因此，她生前有一个最大的心愿，那就是要回梅山看看。

妈妈生前曾任山东省曹县曹城镇第四小学教师，曹县政协副主席，山东省台联理事，山东省侨联委员，全国妇联第五届执行委员会委员，第六届、七届全国人大代表。她也先后多次被评为省、地、县优秀模范教师，山东、全国侨眷先进代表，全国台湾同胞为祖国做贡献先进代表和全国"五讲四美为人师表"优秀教师。

1980年5月，妈妈受姨母之邀到美国探亲。她拒绝了亲友们把她和四个孩子办到美国定居的计划，并耐心向她们介绍新中国的巨大变化，她的宽容、真诚与执着深深打动了当地一些华侨、华人的心。

妈妈从美国探亲回来，其"情系事业、情系祖国"的事迹被国内多家报纸、杂志登载后，她不顾多种疾病缠身，东奔西忙，日夜操劳，为两岸多个失散的家庭牵线搭桥，当上了一名沟通两岸交往的"民间使者"。

1990年2月14日，妈妈终因积劳成疾，一病不起。在深度昏迷中，她向上伸了伸手，似乎在向她离别44年的台湾岛作最后一次挥别。

这一刻，是我(左三)把母亲的遗像供奉在她的老家——台湾嘉义市梅山镇江家祠堂中祭拜时的情景。

照片上的那一刻，是我携夫人第一次踏上台湾岛，来到了妈妈出生的地方嘉义梅山，刚刚用一双颤动的手把妈妈的遗像供奉在江家祠堂的供桌上。多少年的怨顷刻化作滚滚的泪水，如同滔滔江河一泻千里。今天，两岸人民终于盼来了"三通"，那湾浅浅的海峡终究无法阻挡两岸人民往来的脚步。

魂牵梦绕故乡行

林良倩

右一是表姐，右二是父亲郑开华，右三是弟弟郑海陵，右四是母亲戴莲芬，左一六叔，左二是二姑父，左三是郑海蓉。

记忆有时候像一点火焰，擦燃就会照亮你的心灵。记忆有时候像一缕清香，打开就会温馨你的生命。2008年12月26日是《告台湾同胞书》发表30周年纪念日，它触动一个布农族台籍老兵记忆的闸门。2008年12月15日海峡两岸人民期待已久的两岸常态化包机直航全面铺开，一个布农族台籍老兵——我的父亲郑开华老泪纵横百感交集。我的父亲他是不幸的：国民党败退台湾时成了滞留大陆的国民党台籍老兵。可我的父亲又是幸运的；1987年10月14日台湾方面作出开放台湾同胞回大陆探亲的决定，从此隔绝两岸同胞的闸门被打开。

1989年我的大姑姑等亲人辗转来到大陆，历经千辛万苦找到了我们，并与我们一家人相见。更让我们一家人不能忘记的是1990年4月举家回台湾探亲，在当时，我们是大陆第一个举家回台探亲的台湾同胞，当时骨肉团聚的情景至今历历在目：记得那是一个风和日丽的上午，我们全家乘坐大巴从湛江出发，在广州登机经香港辗转来到台北桃园机场，一走到出口处就看到了在台北生活的二姑一家人的迎接，我们在血缘力量的冲击下一下子紧紧相拥，久久不愿分开。尔后二姑夫以布农族人欢迎的方式给我们带上花环并留影纪念。

我的父亲兄弟姐妹11人，他是长子。隔绝50多年回到魂牵梦绕的故土心中话如泉涌，但当时的他激动的难以用语言表达。我们来到二姑的家更激动的场面让我们难以忘怀。当晚二姑家所住的那条街邻里乡亲为我父亲这辈子还能回家看一看特别举办了一个"盛大晚宴"，摆设酒席几乎占满了一条街。

看到这个场面，我的父亲双眼噙着泪花，抖动着双手，颤微着嘴唇，似乎真想把这几十年离愁别叙向亲人诉说：父亲他滞留大陆以后，不久又加入解放军。之后又随志愿军参加了抗美援朝，并加入了中国共产党。抗美援朝结束后父亲来到四川生活并结识了我的母亲戴莲芬，40岁以后才有了我和弟弟郑海陵。虽然成了家，但思乡之情始终是他心头的痛。为了离家乡台湾近点，这样父母又到了湛江，一直等待着有朝一日踏上回归路途。离开二姑家我们跟随父亲回到了祖籍地——台东。台东地处台湾的南部，面朝大西洋和绿岛遥相呼应。听父亲说中央山脉中部东西两侧是我们布农族人生活区域，那里土地肥沃，自然生态丰富，处处风光旖旎，亲情融融。我和弟弟真想一下子扑到她的怀抱。终于看到祖屋了，我们和祖屋及表舅家人一起又进行庄严而隆重的祭祖仪式，仪式中我们穿上布农族特有的服装，跪拜在祖父和祖母像前，向他们告慰我们永远不会忘记这里有不朽的神灵。仪式后我和弟弟在祖屋后面的大叶榕下留下珍贵的照片。

爱情码头

陈嘉村

　　来自淡海淡淡的爱，微风吹过，熏红了脸。一股淡淡清新的爱情，游荡在渔人码头的岸边。

　　这是每到台北淡水的情侣们，不得错过的约会圣地。站在渔人码头上，欣赏着渔夜灯火，轰然的轮机声，像是驮着满腹的决心，稳定而坚强地走了出去。从港口航向海湾，再由海湾回到靠岸，像似对另一种爱情的执着那般有成就的归来。

　　一股来自海上的浪漫忧愁，弥漫着整个淡水。午后半晌，拎着你的小手指头，随着浪花扑打岸边的脚步，从老街一点一点迈向淡水镇的北岸。沿路，是嬉闹喧哗的嘈杂，逐渐，慢慢的，慢慢的，仿佛时空静了下来，没有穿越桃花园的神秘幽静，却由一点一点属于彼此间的回忆交织而成。时间的流动，随着底下的花浪慢慢铺陈，一字一句的呢喃。

爱情码头

　　就像渔夫撒网等待合适的海鲜，静静地站在心海的中央，等待那上钩的鲜美海味。徜徉在这片广阔爱情海中，我们的故事在烂漫的河水旁，随着夕幕垂临，两人的言语中，各自寻觅可以捕获住的话题，像似钓到彼此最丰美的鱼获。哄然而笑间，我们彼此都恋爱了！

　　在没有神父的见证，与亲人好友的莅临下，码头灯塔成了咱俩的爱情御守，有它点亮我们心中的小小世界，对你，我更有了依赖。不再是迷失的渔火，有了新的航向与宝藏等待我们去发掘彼此。就像那电影说的，我们要一起航向世界的尽头，永远不分离。

从顷圮的瓦砾中站起来

唐 新 伟

顷圮的瓦砾

2000年11月，我随着民革黑龙江省参访团参访台湾时，到了台湾省南投县的集集镇。这里曾是台湾"9·21"大地震的震中。

11月18日，当我们从美丽的日月潭，到达著名的"9·21"大地震震中地带——集集镇时，已是下午2时左右。在镇中心的大地震纪念馆里，一张张照片记录着1999年9月21日7.3级和9月26日6.8级两次大地震对该镇的摧残，站在这里我深深地感受到了"9·21"大地震的残酷和黑暗。在这纪念馆展出的除图片、音像、仿真模型外，还有被大地震毁坏的实物残骸和被保留下来的部分建筑废墟。在一种沉重的心情下结束了我们的参观活动，随着参观的人群我们来到了纪念馆的纪念品展室。在这里，我惊讶地发现这里好多纪念品，都是用地震废墟中的材料制成的，而且这里的每件纪念品都凝刻着集集人对大地震的记忆和对未来生活的憧憬。据说，凡来参观的人们，都会在这里选购几件自己喜欢的工艺品，来表示自己对灾区人民重建家园的支持。在纪念品中，最引人注目的要算是一套用纤维板制成的绢印明信片。这套明信片一共六枚，正面印着地震前集集镇的秀丽风光和地震后失去家园的人们和废墟。明信片的上方印的是"乘一段记忆列车，寻一则怀古幽情"、"勇敢的跨越心灵断层，从顷圮的瓦砾中站起来"。下面是介绍集集镇的沿革和当地灾民心手相连再造集集的决心。明信片的背面印着象征集集特色的7个纪念戳。这种明信片可以实寄，也可以作为工艺品摆在自己的收藏柜上，它每枚售价为100元新台币（25元人民币）。这套明信片无论在设计上，还是在文案创意上，都充分体现了集集人走出悲情，关爱生命，重建家园的坚强意志。我深深地感受到了它的珍贵，我便买了一套，填写好了地址，并补交足了寄到大陆的邮费，交给了纪念馆的工作人员代我邮寄。

回来后的这段日子里，每当我看到书柜里的这枚明信片，就思绪起"9·21"那黑暗、悲惨的日子。同时，又仿佛看到集集人从顷圮的瓦砾中站了起来。我们祈盼着海峡两岸的早日统一，同时也希望看到一个新的集集在两岸同胞的关心爱护下崛起。

失而复得的喜悦

万郁文

　　去年，我和几位朋友到台湾探亲，两位朋友在旅途中，不慎丢失了东西，他们不但没有失悔，反而高兴得笑了。

　　钟大姐在花莲市花岗岩厂买了一个猫眼戒指。那晚我们到达知本温泉宾馆住宿。饭后，我们换了衣服去温泉泡澡，钟大姐也披上浴巾下到温泉，可她忘记了取下戴在手上刚买的戒指。当钟大姐起池时，顿时大惊失色，花了几千元买的猫眼戒指的猫眼却不见了，无名指上只留下了戒座。见状，钟大姐顿时傻了眼，她后悔万分，立即告诉导游，导游马上与厂方联系，厂方的董事长立即来电问第二天我们团到达的地方，他说派人前来解决。怀着将信将疑的想法，钟大姐一夜无眠。第二天，我们刚到住的地方，厂方派的一位年轻职员就开车来了，不断地向钟大姐道歉，还送上了十多个不同样式的戒指，让钟大姐另选，钟大姐高兴得合不拢嘴，她没有想到，自己的一时疏忽，厂方二话没说，就给予了补偿。

　　凌老师在台中时，不小心将珍珠项链遗失在宾馆卫生间了，我们回到台北她才发现。她也是赶紧告诉导游，导游立即与台中宾馆取得了联系，宾馆服务生说在清房时拾得一串项链，保管在保险箱里，正在找寻失主。得知失主的下落，宾馆立即将项链包好用特快专递邮寄了过来。第二天，我们正要告别宾馆离开台北时，邮包到了。凌老师打开盒子，眼前就是那串漂亮的项链。

　　失而复得的喜悦，让我们感到台湾同胞的诚信、台湾社会的文明。

失而复得的喜悦

台湾客家的原乡情结

曹　曦

高雄县美浓镇的"原乡缘纸伞文化村"

2007年10月初，作为厦门大学赴台考察队的成员，我有幸踏上宝岛的土地，感受实实在在的台湾风情。

4日，我们一行人来到了位于高雄县美浓镇的"原乡缘纸伞文化村"，开始了别具风情的客家文化之旅。客家是台湾的重要族群之一，客家文化也是中华文化中的一颗璀璨明珠。乘车来到一个非常美丽、宁谧的小镇，这里是客家人的聚居地，建筑风格和闽南比较类似。据介绍，该文化村成立于1989年，由李鸿钧先生带领家族

成员投注全部心力经营，成为台湾第一家"客家纸伞文化村"，秉持原乡客家的传统精神，凝聚了美浓地区的历史、乡土、人文等因素，吸引了世界各地的游客。

走入文化村内部，映入眼帘的是五彩缤纷、琳琅满目的特色商品，当然，最吸引人的是工艺精巧的手工油纸伞。纸伞乡土怀旧、古典浪漫，取自台湾本地出产的天然材料，加上绘画艺术点缀，伞面成了一块画布，这种纯手工艺品便有了令人激赏艺术的价值。油纸伞在客家人生活中扮演着重要角色，除遮阳避雨外，更是心中吉祥的象征：纸与子谐音，所以男孩在16岁成年礼时，父母就会赠与一对纸伞；女儿出嫁时，父母也会赠一对纸伞。和我同行的女孩子甚是欢喜，各买了一把作为纪念。

"擂茶"是客家人招待贵宾的一种茶点，擂乃研磨之意，将绿茶及多种五谷杂粮炒熟，置于擂钵中研制成细粉再冲泡热水饮用。擂茶可以充饥解渴，也能当保健饮料饮用。傍晚时分，我们去了村里一家茶馆喝特色的"擂茶"，喝起来香味扑鼻。望着渐渐黯淡的天色，我们陶醉在乡村美景中。

隔不开的距离

萧 雅 如

照片中三人是赖佳旻、萧婉庭和我。我们是因为参加"中华文化研习营——北京团"而认识的，尽管经过了半年，但我们的感情一直维系得很好，可说是"情比姐妹深"，因此常常利用放假时一起去旅游。

北纬23.5度线横跨了嘉义，将台湾分成热带与亚热带气候，我们都不曾因为这条隐形的线而分离，因为我们始终站在同一片土地上。不管是左手边的热带区还是右手边的亚热带区，我们的心都串在同一区。

虽然是在北京认识的，但我们的友谊却没有因为回到台湾后而变淡，反而愈加深厚，因为冥冥之中早有一条线牵引着我们的感情，从北京回到台湾。认识的这一段日子，我们互相扶持互相鼓励，不管是开心的、难过的、需要帮助的，我们都当彼此最大的后盾，只因为这样一拍即合的伙伴和得来不易的情感，并不是每个人都能幸运享有的。

尽管台湾海峡也如同北纬23.5度线般隔开台湾与大陆，但人的心是任何崇山峻岭都隔不开的；尽管台湾与大陆相距1000多公里，但又有什么距离比人的心贴在一起还近呢？因为我们拥有一个名为"珍惜"的宝物，所

图左为赖佳旻，图中为萧婉庭，图右为萧雅如。

以我们可以飞越台湾海峡，将这份情无止尽地延伸到看不到尽头的那端。

在蓝天白云、风轻日暖的好天气下，我们笑得灿烂；拥有心旷神怡、喜笑颜开的好心情，我们可以去追逐更远的梦想。

情系台湾　心向祖国

邹佳平

爷爷一家离开台湾之前在自家小屋门前的合影留念，左二是我的爷爷，右一是奶奶，左一是大伯、右二是二伯，细心的人会发现照片上的奶奶还有着七八个月的身孕，肚子里正是我还未出世的父亲。

我家墙上一直挂着一幅黑白放大的照片(由于"文革"时期的破坏，这是我家唯一一张有关台湾记忆的照片了)，照片中有四个几十年前装束的人，他们就是我的爷爷(左二)、奶奶(右一)和大伯(左一)、二伯(右二)，细心的人会发现照片上的奶奶还有着七八个月的身孕，肚子里正是我还未出世的父亲。他们表情凝重，眉头紧锁，是在什么情况下拍的这张照片？这里有一段令人心酸的往事……

我的爷爷邹名成(1895—1975)，十几岁就从江西给老板当挑夫去了台湾，老板看爷爷为人厚道，主动借钱给他做生意，之后他走向了独立谋生的道路。爷爷凭借他的聪明才智和艰苦奋斗靠做中药材生意在台湾桃园县创下自己的基业，很快有了自己的房产，还结识了我的奶奶，有了自己的家庭。奶奶是台湾杨梅人，叫陈招妹。我的大伯、二伯都出生杨梅镇。一家人生活过得较为富裕稳定。

1937年中日战争全面爆发，日本加剧了对台湾的殖民统治，一方面镇压台湾人民的抗日情绪，另一方面对大陆去台湾谋生的普通百姓进行大规模清洗，逐家逐户上门搜查，强迫他们加入日本籍，如果不从，就没收在台湾的全部财产，并限期遣返大陆，驱逐出境。在这种白色恐怖下，爷爷、奶奶一筹莫展，当时奶奶已身怀有孕(正怀着我的父亲)，行动不方便。他们找曾外祖父和其他亲友商量对策，爷爷说："台湾是我们自己的家园，是中国的领土，日本人太霸道了，我们决不加入日本籍!"爷爷的态度得到曾外祖父和亲友们的全力支持，曾外祖父对爷爷说："我们在台湾已居住十几代了，和你们的情况不同，你们不能入日本籍，可以先回大陆去，但不要忘记台湾，相信总有一天你们还会回来的!"

爷爷态度坚决地拒绝加入日本籍，并巧妙地把自家的房产托给曾外祖父，使日本人侵吞房产的企图没能得逞。就这样爷爷带着大肚子的奶奶和两个伯伯被迫离开了台湾回到江西。

我的爷爷是个普通的平民百姓，他的一生大部分时间是在台湾度过的(奶奶在大陆去世后，为生活所迫爷爷又回到台湾，却不曾料想从此与自己的三个儿子两岸相隔)，他的命运与台湾的不幸遭遇联系在一起，彼此同呼吸共命运。我的奶奶在台湾土生土长，她非常热爱自己的故乡，但面对日本人的残暴统治和清洗，她放弃了富裕的生活，毫不犹豫的支持爷爷拒绝加入日本籍，冒着风险忍痛离开了台湾故土。我作为爷爷、奶奶的后人，对他们热爱台湾、心向祖国的高尚情操，表示崇高的敬仰!我们深深地缅怀他们!

相聚有如天助

谭志良

图中老妇为台湾三伯娘，右一为四伯女儿雍素娇，左三为四伯儿子雍天瑞，右二为三伯娘儿媳，左一为雍天瑞妻子。

2008年岁末，我们姐弟三人参加旅行团赴台旅游，见到了几十年素未谋面的亲人，终于圆了父亲未了的宿愿！

我们家原是台湾本土人，爸爸共有六兄弟姐妹。爸爸很小就跟亲戚渡海到澳门谋生。随着大陆的解放，爸爸就被阻隔于彼岸难以回乡。爸爸老叨念着有朝一日能带我们回故乡祭祖会见亲人，直到2007年3月爸爸带着半个世纪的遗憾而离去。

为完成爸爸的宿愿，我们三姐弟决心到台湾去找亲人。临行前一晚，将爸爸留下来的写有台湾区号的电话号码本找出，虽然不知是谁的，但也成为联络亲友的唯一希望。

来到下榻酒店，我们姐弟三人迫不及待地按号码拨通了电话，寂静的等待中电话果然通了，竟传回一个女子的声音——有人接了！我们的心情立刻无比高兴，三姐弟一时百感交集。接电话的是姑妈的儿媳，她立刻就把我们到了台北的消息转告了所有在台的亲人。该号码的电话原是存放在姑妈的旧屋内，而多年前姑妈一家搬了新居，这电话也就闲置了。在2008年春节前大嫂（即姑妈儿媳）返回旧屋收拾东西，她临离开时下意识地看了一下电话机，心想还会不会有人打这个电话联系呢？一念之间她就把该号码转到手机上，正是这一留意，我们的拨号就在她手机上响起来，大家见面后谈起来，都惊奇这上天安排好的一幕！

此后，我们在台湾岛内随团各处旅游，所到之处，在下榻酒店都能会见到前来接应的亲人，大家都百感交集，有趣的是，由于血缘相同，亲人间彼此的面相也极为相似，大家相会时只须彼此一看相貌便立即能认出是自己人来。

四十年分离，重温团圆梦

闵 锡 金

左起小妹锡庆，我爱人，本人，右起第一位是我大妹夫甘毓龙，我大嫂，大哥锡钧，在我与大哥的身后为大妹锡明。

我父亲闵湘帆早年入国民党参加北伐战争，抗日战争，常年离家出外，我四兄妹自幼时少年起即离散各地，1945 年抗战胜利至 1949 年，有了一段短暂的团聚时光。国民党退居台湾后，我留大陆，二位妹妹随父母去了台湾，大哥去了美国，从此我家父母及同胞手足，天各一方。

1989 年父亲在台湾逝世，我作为在大陆的唯一亲属，只身前往奔丧，因手续延迟，到台时父亲已安葬，大哥、小妹已离台返美，我和母亲大妹一旦相聚，悲喜交集，恍如隔世。当时我带去了赵祖康、徐以枋、陆大公、顾肇基合署的挽词，转达四位先生对先父的悼念。

1995 年母亲全道云逝世，台当局已放宽了大陆居民探亲的限制，我和妻儿四人去台奔丧，我们四兄妹在分离 46 年后终于团聚在一起。大家相拥而至。我们会见了未曾见面的妹丈和他们的儿孙们，一家人停立在父母墓园，缅怀两老的音容笑貌，留下了我四兄妹久违重聚后的第一张照片。

我父母生前信奉回教，安葬在台北市回教墓园，毗邻是国民党将领白崇禧墓。环境非常优美。

我二次去台，共约二月时间，所到之处，所见之人，彼此晤谈，充满了温馨的骨肉之情，同胞之爱，宝岛山水美丽，民众热情好客，我大妹的儿媳是台湾世代居民，我应邀去台中她娘家做客。甥媳的父母热情欢迎我这大陆来客，老祖母一口闽南话，虽然不懂，但听来倍感亲切。

旅台纪实

白魁伟

台湾同胞的风俗习惯是什么？文化信仰是什么？生活环境怎样？带着这数也数不清的问题，我们开始了台湾的环岛之旅。

接机的阿丽小姐是一位活泼开朗的台湾姑娘，她说：台湾和大陆同属中国，台湾人民感谢大陆给予的一切支援，提振台湾经济，开放大陆观光旅游，都是对台湾人民最大的利好。如今"三通"了，来台方便了，希望大陆人民都来台度假旅游。

一天早晨，阿丽小姐宣布要带我们去见一个奇人，并乘游船去游览日月潭风光，车程大概只有几十分钟，我们就来到了台湾南投县鱼池乡，阿丽要介绍我们认识的原来就是日月村的老村长。他常年赤膊上身不穿衣服，已有70多岁的高龄，但看上去却只有四五十岁的样子，听说我们是从大陆来的，非常高兴，热情地为我们介绍他的产品，还刻意请我们品尝。

往前行我们就看到了一个大湖泊，阿丽说那就是日月潭了。日月潭是台湾岛上的天然湖泊，湖中有小岛，把湖面分成圆形的一部分叫日潭，环形半圆狭长的一部分叫月潭。湖水清澈，湖面如镜，如今和杭州的西湖结成姊妹湖，湖边修建有蒋介石和宋美龄的官邸。日月潭岛上住着人数最少的一个台湾少数民族——邵族，她们成母系管制，以养鹿、打渔为生，能治疑难怪病，尤其哮喘疗效颇神，曾经治好过宋美龄女士，所以非常受台湾当局的礼遇。

我们在日月潭拍照、观光、畅谈，欢笑中，已到中午时分，邵族女祭祀邀请我们共进午餐并

左为作者白魁伟，右为台湾卖红茶和灵芝的赤背老人。

为我们献上了具有邵族特色的民族舞蹈，不知不觉我们已融入其中了。

卖烧酒螺的小阿妹

吴 小 珊

卖烧酒螺的小阿妹

拍 摄 时 间：1998 年 7 月 12 日中午

拍摄地点：台中县清水镇梧栖渔港假日渔市

拍 摄 对 象："阿姿烧酒螺"摊位上的女售货员

1998 年 7 月，在赴台交流的空隙，当地朋友带我看了台中的机场和渔港。我边看边问："一看就知道设施焕然一新了，可怎么看起来空荡荡的？"他们感慨地说："啊，是想着两岸很快就'三通'了！不然，用不到这么大。"

在渔市的露天广场，我们看到卖烧酒螺的小阿妹们，当听说"这是北京来的朋友"就笑着请我品尝。看着火红的烧酒螺和她们的灿烂笑容，我问："可以给你们拍照吗？"她们又笑了，马上凑在一起。那时，拍照还是用胶卷，保险起见，我连拍了两张。回到台北，赶紧冲扩，结果出乎意料的好。返京后选了一张放大，摆在家里客厅。一片阳光灿烂，亲友谁见谁赞。

后来，这张照片上了《两岸关系》杂志，被命名为《卖烧酒螺的小阿妹》。这是《两岸关系》第一次以台湾民众为"封面人物"，不少在京的台湾朋友看到后对我说："真喜欢你照的家乡小阿妹！"于是，我把这期《两岸关系》寄给带我去台中的朋友，请她们转交给小阿妹们。

拍摄时间：2008 年 12 月 15 日下午

拍摄地点：地安门邮局

拍摄对象：国内挂号信函收据

2008 年 12 月 15 日是个值得纪念的日子，两岸海运、空运直接通航和直接通邮在那一天正式启动。

那一天，为了给自己留个大日子里的小念想，我特意到后门桥旁那家有百年历史的地安门邮局，把写给台湾亲人的信以及回江西祖地拍的照片寄出。两位年轻柜员热情体贴，推荐了新款复合封套，说明了邮资计算方式，并打印了有"北京 2008.12.15"邮戳、注明"寄达局：中国台湾"的国内挂号信函收据。

那一天，看到海峡两岸直接通航、通邮的新闻，我不由想起十年前在台中看到的机场、渔港，不由转头看一看照片上小阿妹们的灿烂笑容。

通邮收据

台北信义 101 大厦

李 芳

台北信义 101 大楼是台北的地标性建筑

2005 年春，我们太原企业家协会组团赴台考察，在我脑海中留下深刻记忆的是台北信义 101 大楼。

这栋 101 大楼，是台北市的新地标，它的总高度达到 508 米，是很特殊的建筑物，融合了东方古典文化及台湾本土特色，造型宛若劲竹节节高升、柔韧有余，象征生生不息的中国传统建筑意涵。运用高科技材质及创意照明，以透明、清晰、营造视觉穿透效果。是台北市政府周围"世界最高的 101 大楼,信义商圈所在地"。

台北 101 大楼结合证券、金融、企业总部、工商活动与娱乐、生活、购物等用途，购物中心内有时尚服饰区、名牌精品区、化妆品专柜、书店等，提供优雅宽敞的购物空间；各大餐厅和美食街有各种不同风味的料理，大宴小酌都适宜；加上运动健身馆，休闲 SPA 等服务，使 101 购物中心兼具时尚、美馔、娱乐、社交与文化的复合功能。

大楼的外围联结台北市政府大楼、国际会议中心、世贸中心、君悦饭店、新舞台、邻近的影城和购物中心等，形成一个结合金融、商务、休憩、购物的综合商业圈。

高雄记忆

潘 进 武

图为欢迎宴会上来自河南的书画家与吴敦义市长合影。从左至右依次为：太行画院院长马伯川、作者潘进武、郑州青少年宫美术教师李新萍、高雄市市长吴敦义、郑州轻工业学院美术系教授郝石林、黄河美校校长王留民。

1997 年 5 月 11 日，我第三次应邀赴台，参加"97海峡两岸书画名家作品展"。此前我应邀于 1992 年、1994 年两次赴台，分别参加了"首届两岸书画名家作品展"和"94 两岸书画名家作品展"，在书画界产生了强烈反响。这次我以河南省中山书画院副院长的身份被推选为参访团副团长，我们乘机一到高雄小港机场，候机厅"欢迎大陆书画家"的红色横标就映入眼帘，台湾书画界数十位朋友前来迎接，使我们激动不已。欢迎式后我们驱车前往高雄市国宾饭店。

12 日下午，画展开幕式在高雄市文化艺术中心举行。台湾书画界知名人士、高雄市书画界人士数百人云集在展览馆门外广场。会场上，彩旗飘扬，彩条、气球腾空高悬，热烈庆祝两岸书画名家作品展开幕。3 点半，开幕式开始，时任国民党中常委、高雄市市长的吴敦义先生为开幕式剪彩。他在祝词中说："两岸同宗同祖，五千年的文化传承，共同铸造了中华文化。此次大陆 15位书画名家给我们带来了优秀作品，展示了中华文化的传承与发展。"会上，吴敦义市长与来自河南、天津、西安的 15 位书画家合影留念。

当晚，吴市长设宴，欢迎访问团全体成员。席间我与吴市长并肩就坐。我们更进一步谈起了两岸交流，吴市长意味深长地说："两岸如能早日实现三通，尤其能开放广（广州）、大（大连）、上（上海）、青（青岛）、天（天津）港口，那时两岸经济腾飞，确实可'广大上青天'了。"

为了增进此次文化交流，席间，我代表书画家们赠送吴敦义市长《黄河》山水画轴一幅和本人画集。吴市长观赏后深有感触地说："黄河是我们中华民族的母亲河，是我们华夏民族的根。我多想回大陆，观光滔滔黄河，特别是壶口瀑布的壮观景色，一睹为快！"

第二天，吴市长安排我们乘快艇参观了高雄港。但见高雄港码头吊杆林立、货箱如山，在大陆投资的台商林先生说："这些货如能直运大陆不再经第三地，将会给两岸带来很大商机呀！"

之后的十几天我们参观访问了日月潭、阿里山、台中、台北等风景名胜，与台湾书画界举行了多次笔会和艺术交流。

跨越"丽人桥"

钱 程

所谓"一方水土养一方人",或许因为同样属于经济发达的沿海地区的缘故,台湾和上海从风土人情到城市建设都有着许多相似之处,而台湾女孩和上海女孩给人的感觉更相像——自信能干中带那么一点儿嗲,她们对自身的要求、对生活的追求无一例外地向高标准看齐。

这些美丽可爱的女孩们以自己独有的方式互相传达着友好。台湾电视剧、台湾综艺节目、台湾歌手早已是上海女孩之间闲话聊天的谈资;上海小吃、上海建筑,乃至"上海"这两个字也成为了常常被台湾女孩挂在嘴边的话题。地域上或许存在无数阻隔,致使她们只能隔海远远互望着对方,然而心灵上的交流是畅通无阻的,她们又确然彼此欣赏。

近年来,许多航空公司开办了两岸包机、直航业务,东航、台航的空姐们更为两地女孩之间架起了一座直接沟通的桥梁——横越海峡,捎去最真挚的问候,进一步加深互相间的了解。虽然目前能有这样面对面交流机会的幸运儿还很少,但相信在不久的将来一定会有越来越多的女孩跨过这座桥而相识。

今年是《告台湾同胞书》发表30周年,两岸交往坚定地走过了30年的风风雨雨、曲曲折折,终于迎来了春天。和平友好、礼尚往来、早日统一是海峡两岸儿女共同的心愿,两地女孩们率先搭起了一座桥,"一湾海峡升明月,两岸乡情架彩虹"——美丽无界线,衷心期盼借由这座"丽人桥"能够联结起两岸同胞的心!

空姐

台湾风情摄影作品

夏富祥

我是个摄影师，我去过世界的好多地方。去采风、去旅游。每次出发前都要精心的设计行程和全程的服务安排。总是担心出行当中遇到这样或那样的不顺利，既扫兴又浪费时间。

但是 2003 年黑龙江海峡协会，组织到宝岛台湾考察旅游，给我留下了很深的印象，却是难忘的。这是一次十分人性化的行程，给我留下了许多感人的瞬间，那秀美的自然风光至今难以忘怀。

记得接待我们的那个导游，姓李。很健谈也很幽默，人性化的服务，在他身上体现得淋漓尽致了。一开始就征求我们的建议，在台湾期间我们各位先生，你们想想，咱们作息时间怎样安排？早点还是晚点？来台湾一次，不容

易，想吃点什么呐？我们的行成也可以做尽量的调整。呵呵这样的开场白，还是第一次感受到。心想别说做不到，就是敢这样介绍也不易呀？首先让人感到心里舒服。接下来十几天的行程，真的让我们感动了。每天他会主动提示我们，今天有点累吧？明天我们晚点出发行吗？行进的路上，他也会时常提示我们，比如说前面有一家很好吃的风味，我们要不要提前吃饭呀或是稍晚点呀？他还时常停下车来，给我们买当地的特产吃。几乎没有拉下过。还有一次更让我们感动，我们去参观士林官邸，就是蒋介石到台湾后居住的地方。由于下班的高峰时间我们晚到了一会儿，门口的安保人员，说什么也不许我们进去。没想到李导游会生那

么大的气，拼命似的和安保人员理论起来，好悬动起手来。旁边的几个老大妈，一听我们是大陆来的，也加入了"理论"大军。最后终于让我们进去了。后来我和李导讲，如果今天不让进来，我们明天再来呗？他讲仅差几分钟，是可以的吗。何况我们开了这么久的车吗？为什么就不能实际点呢。我心里真的敬佩他，可见他们的敬业和服务的态度。

宝岛台湾是秀美的，我们一路上在"鼓浪屿之歌""阿里山的姑娘""采槟榔"，那优美的歌声中，倾听着那思乡的心声，感受着厚重人文的文化，欣赏着自然的山川美景。

那群山怀抱之中，秀美的莲花福地之上的——中台禅寺。中西合璧，古今交融，恢宏壮观，别具一格的创新建筑风格。

那情牵两岸的日月潭，仰望着岸边，香火鼎盛的文武庙，静听湖水的思乡曲。

那碧水蓝天的垦丁海岸，那高高竖立着图腾的，高雄码头，这美丽的人文景观，这秀美的自然风光，让我们一行人，难以忘怀。

台北少女

牛芳凯

台北中山纪念堂一角

1994 年 11 月上旬，我第一次去台北市看望在这里住了 46 年的外公。83 岁的外公颤巍巍地陪我到各处看看。

来到"国父纪念馆"，非常想照个相留念。外公举不稳相机，不能给我照，再说祖孙俩的合影也非借他人之手不可啊！当我举目四望时，一个清秀的少女向我走来。

我正想开口求助，不想她先说话了："从大陆来吧？让我给你照吧？"听此言，正有一种雪中送炭、寒时得棉的温馨感觉。

给我们照相后，她并没有还相机的意思，我也不好意思张口去要。片刻，少女说："去那边也照几张吧？""我们正要过去，只是怎好再麻烦你"。听我这么一说，少女说："没关系，你给我讲讲大陆，我给你照照相，大家互相帮忙。"她边说边搀扶着外公朝前走去。

有这么一位陌生而又熟悉的清纯少女陪伴，放眼一路景观竟是分外旖旎，顿觉台北清风格外沁人心脾。她听我讲大陆故事的认真样和我听她讲台北故事所感受到的意愿，远不是男女之间的那种温情心理，而是一家人的那种芳香之气，一种超越灵魂的相通之魄。

我珍藏着这几张照片，时时看看念念。

我的台北，我的台北记忆越来越清晰。

参观台湾朱铭美术馆随感

张家曜

近日，闲暇间翻看了一下我的影集，有张照片使我想起了一段有趣的故事。

那是几年前去台湾探亲，和太

台湾"朱铭美术馆"

太一起参观台湾"朱铭美术馆"时留下的第一张照片。那天天气十分晴朗，当乘坐的汽车开到离"朱铭美术馆"大门不远处时，映入眼帘的是一群正在排队购票的观众。太太是个急性子，忙叫停车，当我还未转过弯时，她就下了车，往排队的人群跑去。排队的大约有十来人，太太自然排在了最后，我忙跟了过去，她对我说，这么晴朗的天，排队买票的人怎么有的还穿着雨衣。我俩定神仔细一看，不约而同地拍着排队人的肩膀大笑起来，原来那是一排雕塑。与真人一样大小，神态各异，穿着打扮逼真，确实令人惊叹！我太太情不自禁地跑到"人群"的前面插了一队，我举起相机，为她留下了那张值得留念的影迹。看了这样的雕塑作品，你不想进去看个究竟那才怪了。

进入美术馆，完全不是一般想象的室内馆场，而是除了室内馆外，还有大型室外馆，那俨然是一个大型雕塑公园。沿着弯曲的步道，道旁不时会出现一些雕塑，让你去欣赏，去品味。同时，还可领略金山的秀美风光，使你行走不觉劳累，反而兴致有增。这道旁的雕塑，有

的单个、有的群组，反映着普通人的生活，有休息状的、有玩耍的、有嬉闹的、有情侣态的等等。不用说那体态、神情可让你去捉摸、体会半天，就连那使用的材质不锈钢管，你都难以想象这坚硬的东西，怎么在朱先生手里竟会随意弯成如此不可思议的作品来，边走边看边想，趣味无穷。

我和太太在一钢管雕塑旁少着休息后，不知不觉来到"太极广场"。开阔的广场气势磅礴，体态动人的巨型保力龙翻铜太极拳雕塑，实在叹为观止。栩栩如生、不同招式的雕塑形象，在那蓝天绿地互容交织的自然环境中，仿佛可以体悟到与天地自然合而唯一的太极境界。

继续往前行，便来到"人间广场"，正在展示的是朱铭先生的"人间系列"之"三军"。以真人尺寸塑造了海、陆、空三军的生活场景。令我印象最深的是一组抬着担架运送伤员的队伍，生动地再现了战乱流离的情景。由于时间关系，还有"艺术交流区"、"运动广场"、"室内馆区"等等都只能一略而过了。

朱铭美术馆是台湾著名雕塑家朱铭花费12年的心血和毕生的积蓄于1999年打造的台湾第一座大型户外雕塑美术馆。占地面积达11公顷，对于一个在世界上都具有影响的雕塑大师而言，决定建如此规模的美术馆，实属非常人之举。实践证明，他成功了。

朱铭先生1938年出生于台湾苗栗，自幼喜绘画雕刻，仅有小学学历的他，通过不断努力，刻苦学艺，并牢记师傅的教诲，不做师傅第二，必须做自己。在实践中大胆丢掉过去的经验，重新创造在别人看来完全不可能的雕塑艺术，用不锈钢或是草绳捆绑等等不可思议的材料，创造出具国际影响力的雕塑作品堪称世界之奇。

台北翰墨缘

姚三石

台湾佛学大师、书画大家释广元法师

2003 年 11 月，笔者非常荣幸的随大陆艺术采风团来到祖国的宝岛台湾进行艺术交流和采风活动。在台湾为期十天的采风中，宝岛的美丽风光、风土人情均给我们留下了深刻的印象，作为书画家的同行们真可谓一饱眼福、硕果累累。然而最令笔者难以忘怀的是，见到了仰慕已久的台湾佛学大师、书画大家释广元法师，了却了终生的心愿。

释广元法师，现为台湾世界佛教华僧会主席、台湾中华书法学会前理事长。他 1928 年生于河南省沈丘县刘湾镇，1948 年在台湾出家为僧，经禅之暇，习染翰墨。他历任佛教研究所教授，世界华僧会副会长，国际美展评审，台湾书法协会理事长，台湾书协会监事长。法师

与台湾书画大师张大千、于右任以及国内书法大师启功等先生交谊很深，大师书画深入三昧，达禅艺妙境，张大千称赞其书画含灵秀气，非俗人能为，曾行跪拜礼以示崇敬，并一时成为佛学界和艺术界的佳话。2006 年法师率团出席第七届国际书法交流新加坡大展，承纳丹总统接见并互赠书画礼品。他师工书法，擅长四君子画，尤精墨竹，作品曾多次参加海内外书画展。著有《中国书法概述》、《竹云斋文集》、《释广元艺文集》等书。

笔者"初识"释广元法师是在上世纪 90 年代中期经台湾美协主席、书画大师易苏民推荐与他结缘，后来我们多次鸿雁传情、互赠书画，却一直没有"面缘"。记得当时我们在到台北宾馆的当天晚上八点多钟，我怀着十分急切地心情拨通了释广元法师的电话。他在电话中告诉我：他马上到我们住的宾馆来看我，令我非常激动和感动。大约半个小时后，释广元法师在弟子的陪同下来到了我们房间。我们从两岸文化交流、书画的发展，谈到佛学、文学及诗词等感兴趣的话题，他学识渊博、谈笑风生，令我敬仰不已，倍感受益匪浅也。分别前，我们互赠艺术著作和书画作品以示留念。2006 年 11 月，中国书法家协会、中国传统文化促进会等单位联合主办的"释广元书法展"在河南省博物馆隆重开幕，观者如云，影响很大。这次，笔者又当面聆听了释广元法师的亲切教诲。

休闲品茶

刘荣富

台湾阿里山除了神木、日出、云雾名扬四海外，还有名不虚传的高山乌龙茶。

为什么高山乌龙茶如此享有盛名？在登阿里山的路上，看到漫山遍野的一垄垄的茶树，整整齐齐，有条有形。我们都不约而同地请教导游莫小姐，她如数家珍地介绍：由于阿里山的高山茶平均生长在1000米以上的低温山坡地，土壤肥沃，湿度相宜，有利于高山茶生长。因为高山常年气候阴凉，早晚云雾缭绕，平均日照短，导致茶树芽叶中所含"儿茶素类"等苦涩成分降低，从而提高了"茶氨酸"及"可溶氮"等对甘味有贡献的成分；另外，由于日夜温差较大的原因，茶树生长的速度缓慢，促使茶叶具有叶肉厚实、芽叶柔软、果胶质含量高等的优点……

正当她喋喋不休讲下去的时候，大巴驾驶员吴师傅

在阿里山乌龙茶店品茶

已将车子稳妥地停在鼎鼎有名阿里山乌龙茶店门前，老板盛情邀请我们到店堂去品尝。同行中的几个老茶客闻此，异口同声地说，我们在大陆吃过了"碧螺春"、"龙井茶"和"普洱茶"等，现在，到台湾尝尝阿里山乌龙茶，真是太好了。

当我们全部落座后，小姐立即给我们沏茶，此时，我们看到茶汤呈澄澈金黄色，气味清香，扑鼻而来，吃到嘴里入口甘醇，滋肺润喉，久久不散的茶香气韵及耐人寻味的回甘口感，喝上一杯，自有一种惬意无比的感觉，深受茶客们的喜爱。连我平时不喜欢喝茶的人，竟也连喝了三杯，心都陶醉了，连声赞叹："好茶，好茶"。

此时，老板站到我们面前，讲起乌龙茶的特点和制作技术，他说，国民党前主席连战先生曾题词："好茶"，国民党主席马英九先生还和老板娘合影留念。他指着墙壁上的题词和照片，自豪地说，我们为制成顶级好茶，致力于传统茶道的推展，并以最新酵素处理及生物科技的技术进行生产制作，技术相当的苛刻，采摘的新鲜茶叶，先后要经过日光萎凋、室内萎凋、浪菁、炒菁、揉捻、初干、干燥和布揉等八个环节。由于，我们选料讲究，精心制作，价格合理，因此，我们的茶叶已远销海外，你们上海也有我们的代理店，以后你们如果需要的话，也可以直接去那儿购买，不必再跨海来阿里山了。

几个老茶客边听老板介绍，边品尝茶中的XO——高山乌龙茶，觉得，应该和亲戚朋友分享这种喝茶的快乐。于是，决定买些茶叶带回大陆，与老板讨价还价，老板看到购买数量较多，也同意打折销售。

回大陆后，茶客的亲戚朋友喝了高山乌龙茶，都竖起大拇指说，高山乌龙茶，名不虚传。

追忆邵族文化村

刘荣富

从台湾旅游回大陆，已有一年多了。许多游览胜地的风情人情，随着时间的推移，逐渐淡忘了，唯独邵族文化村的点点滴滴，至今历历在目，难以忘怀。

2001年，台湾当局正式承认邵族为台湾原住民部族之一。邵族聚居于南投日月潭一带，人口甚少，仅有280多人，是台湾原住民族群中人口最少、而汉族化较深的一族。据说，邵族祖先来自南方，由于打猎时发现一只白色水鹿，沿路追逐到日月潭，遂迁徙于此。

邵族这个生息在台湾最高湖泊岛上的族群，却与日月潭气脉相通，在这里创造了鲜明的民族气节和丰盈的文化内涵。邵族仍然坚持传统，服膺祖先遗训，保留了播种祭、除草祭、氏族祖灵祭、狩猎祭、拜鳗祭和丰年祭等重要祭仪，杵音之舞是邵族丰年祭中重要组成部分，

邵族文化村

他们的生活方式是渔、农耕和山林采集，农业作物主要是板栗、番薯和花生。

在邵族文化村，我们不仅欣赏了琳琅满目的木雕、竹刻、布艺等特色工艺品，还吃了一顿极具特色的午餐。

在满桌的菜肴中，一个用细竹管做的"盘子"引起了我们极大的兴趣，厨师把一截截小竹管整齐地排列在一起，做成竹筏状，用菜叶铺好，上面放着几只大虾，然后还有两枝弯过的竹枝伸到外面分叉开来，搭成一个渔网架，下面挂着一只盘子，盘子铺着类似渔网的网子，又铺上菜叶，里面放着油炸小虾。整个造型就是一只竹筏子支起一个捕鱼网，使我们亲身体会了邵族人以渔猎为生的饮食风情。

正当我们津津有味品尝佳肴时，邵族8个能歌善舞的男女青年伴随着欢快的迎宾曲，登台表演歌舞。男青年穿"勇士服"，女青年穿"公主服"，手持上山打猎或下湖捕鱼或农耕劳作的工具，和着邵族的独特山歌曲调，男子显得粗犷纯朴，女子现出靓丽多姿，舞蹈风格，别有风味。

歌舞表演约半个多小时后，台上一位美丽动人的少女突然像天仙一样飘到我们一位同仁面前，面带微笑，友好地伸出右手邀请上台共舞。凭着节奏的乐感和动作的变换，我的同仁和他们"友情演出"了约十分钟。尽管动作不是太自然，但我们大陆同胞和台湾同胞的心是紧紧地连在一起的，大家的心里充满着无比的快乐！

我的台湾爸爸

缪 黄 佳

两岸同学结束比赛后倾情相拥

拆开眼前8斤重的大包裹，看着一本本竖排繁体有些不习惯的书，我的思绪不禁回到两年前的那个夏天。2006年九月，当我带着好奇踏上台湾的土地时，无论如何也不会想到，短短一周的行程会为我开启一段奇妙的情缘，会让我在两年之后收获一位海峡对岸的爸爸。

那次，我作为南京大学参加海峡两岸大学生知识竞赛的选手，随中央电视台以及清华北大等其他名校精英一同赴台。我们将在台北与台湾高校的学子进行一场智慧比拼和友谊交流。

不能直飞，我们从深圳经香港辗转抵达台北，预想当晚的准备会议必将是一场带着慰劳的热烈欢迎。主持会议的是大赛台湾方面电视台的制作人，一个无论外貌还是口音都有着浓浓台湾味道的中年人。他自我介绍将全权负责我们在台的全部行程，让大家放松参与，只管称

呼他张大哥就好。我刚刚开始叹服台湾人果然如想象中的随意，可他却突然叫起了一位澳门大学的男生，让他到台前反省自己今天的过错。大家面面相觑，不知发生了什么，澳大的同学更是被他的严肃怔得一脸惊愕。张大哥面无表情地频频追问，那个男生吞吐道，"我……我……我今天有跟空姐要电话号码。"在座的老师同学全部笑翻，只有张大哥不依不饶，"还有呢?"我目不转睛地看着他们，头脑一片茫然，犯了错也不必此时这么不给面子吧，难道台湾人这么严谨? 几分钟的僵持，男生似乎委屈得不行，终于怯怯地低声说："今天，我过生日……"仿佛求饶请留点面子。张大哥的声音和表情却一下子活起来："就是嘛! 你的大错，就是竟然敢不告诉我今天是你生日，既然到了台北，我们就是你的家人，当然会给你过生日!"我和所有其他人一样，简直来不及弄明白其中喜怒的转换，就听张大哥叫工作人员："关灯! 蛋糕!"啊，一片黑暗中，点点烛光摇曳的生日蛋糕，让所有人不由自主爆发出热烈的掌声。灯光再次亮起时，我看见澳大男生的惊讶似乎还没完全平复，但眼中似又有着感动的闪光。张大哥则一扫刚才的严肃，注视大家的目光中有狡黠的得意，更有真诚的关怀，我忽然觉得他那大嗓门的台湾腔也格外顺耳了。

在台湾的前三天是节目录影，后三天是名胜参访，似乎任何时候在任何地方都看得见张大哥的身影，而他的角色却不停地七十二变。餐厅里，他会让人意想不到地叫出任何一个同学的名字，低声询问吃住是否习惯；录影棚里，他会直言不讳大声呵斥违反竞赛规则或耽搁进度的任何人；场次之间，他不忘九月十日是大陆的教师节，要求所有同学无论来自哪里共同认真给领队老师鞠躬致礼；大

巴车上，他大大咧咧给我们讲他当海军的经历让一车人哈哈大笑；一到景区，又跑前跑后联系，抽空还指点一二赏景或购物的门径……我几乎怀疑这个工作狂是超人吧，运筹帷幄指点江山，同时还能像幼儿园的阿姨一样事无巨细。所有人有任何问题，都会第一时间想到他，而且从不会担心被笑话，因为他都会耐心幽默地来解决。

可是我终于发现他不是超人。在台湾的最后一个上午安排参观和平老街，我回大巴稍微早了些，猛然发现张大哥坐在车里，竟睡着了。我忽然意识到，这些天他人前的精神焕发都是为了我们这些孩子有一段难忘的旅程，牺牲的却是他自己人后的休息与放松啊。我的上车惊醒了他，他立刻恢复了神采，与我聊起几天来的感受。我既惭愧打扰了他偷得的一点休息，又真心高兴可以跟他这样交流。

大巴开往桃园机场，我们要离开宝岛了。我忽然不能自已地泪如雨下，因为连缀起几天的经历，我真舍不得离开这个令我惊奇、感动、叹服的台湾人，我认识的第一个台湾人。也许此后，我们将永成记忆。快出关了，我终于鼓起勇气要求拥抱一下，而他也完全不以制作人高高在上的身份自居，坦然同意。一下子机场大厅有些沸腾，因为好多同学都争着伸出手臂，也要抱抱让他们留恋的张大哥。

在海峡的两岸开始了网络交流之后，我们竟发现，除了共同的大赛经历，我们两个看似完全不同的个体，却有许多惊人相似的性格和观点。他觉得我的个性像年轻时的他，也适合做一个记者从事传媒工作，而我也对这个行当恰也关注已久。于是我认张大哥做师父，他教我新闻采访与写作，我也为他的工作提点子查资料。愉快的教学相处使我们不断相互了解，他与太太没有子女，而他一直期望有一个女儿，我则因家庭长期的严格氛围新鲜于亲情的慈爱。于是，张大哥终于不怕"变老"，"承认"年龄，"升格"成为了我的台湾爸爸。每天的MSN有时会聊新闻说过往甚至谈宗教，或者哪怕只是问候早安，叮嘱我注意保暖，我都会感觉到一种满足的快乐。

上个月，我把研究生阶段的论文方向确定为台湾文

两岸同学看阿里山日出

学，爸爸很高兴，一再催促我列书单，要在春节之前他来大陆出差时带给我。台湾的书籍定价远高于大陆，可我一说不好意思让他破费，他就对我说："你要想到，老爸是用来干什么的，这样才是女儿啊，何况只有一个女儿，我没有什么舍不得"。于是我只能怀抱着感动与感恩写下书单。爸爸希望的，当不是一个只懂得为他省钱的女儿，而是一个品学兼优、开心快乐的女儿吧。

前天，爸爸从台北直飞杭州，未等领到行李就给我电话，一到酒店又马上把书送去快递。我暗暗在心里感叹，当年那么多争着拥抱他的同学们，哪一个能有我的幸福呢？而那时泪雨纷飞感伤离别的我，又怎么想象得到今天会有这样的父女之缘呢？

昨天一整天，爸爸不时短信问我收到书没有，好像比我还着急。我终于收到包裹的时候，他正从杭州飞往成都。晚上一到酒店，他就打开计算机上线，因为他知道我早就等在线上，看爸爸何时安全抵达。当我告诉他都收到了尽管放心，对话框里跳出"书都买对了吗"，我仿佛听得见他暂时放下顽皮随性而用了特别认真的口吻，正忐忑地等女儿评价这个老爸有没有合格，我不禁笑了，是开心，更是感动。而我的眼前，也似乎又出现了爸爸呵出白气紧抱着沉沉一摞书的背影，在那寒风微雨的隆冬夜晚，在那华灯绽放的台北街头。

那份魂牵梦萦的牵挂

何 宗 智

这张照片是 1949 年夏，我自香港赴台探亲时与同班好友童隆城、葛守纯在高雄海军司令部门前"天南柱石"石碑前的合影。（从左至右依次为本人、童隆城、葛守纯）

童隆城是抗战时期我在昆明天南中学上学时的同窗好友。他到台湾后在高雄开了一家小照相馆，后来发展成为享誉台湾的、在台北和高雄有多家连锁店的"福海照相馆"，童隆城也成为台湾摄影界有头有脸的人物，还担任过台湾照相商业同业工会联合会协会理事长。

照片中另外一位同学葛守纯，也是我在昆明时的同学，我们两家住得近，我俩几乎形影不离，我常在他家住宿，他则常在我家吃饭。葛守纯于 1949 年秋移居美国，后投身保险业，现在洛杉矶开设了五六家养老院，早已成为亿万富翁。我 1995 年赴美探亲，他又出时间又出金钱，陪我玩遍大半个美国。他周围的高层雇员都很奇怪，不知我是什么来头的大人物。

我抵台时，局势正在动荡。许多刚到台湾的人都是人心惶惶，安定不下来。所以我也没待多久就返回香港。但由于在台亲友众多（包括父亲、哥哥、两位妹妹等），我对台湾始终有一份魂牵梦萦的牵挂。几十年来，我和台湾亲友之间书信、电话不断，始终保着一份真挚的亲情联系。

"老家来人了"

赵左亮

2007 年 1 月 12 日，在农历春节即将到来的时候，我和其他几位朋友有幸来到了祖国的宝岛台湾。一周的环岛旅行，不仅让我饱览了宝岛迷人的魅力景致，更让我切身体会到了两岸同胞血浓于水的亲情。

行程中的一件事让我记忆尤为深刻。我们在赴台的第 5 天来到了被公认为台湾农业大县的彰化，其农特产品的丰富和精致农业的推广让人惊叹。上午时分，我们来到位于彰化市郊的一家花圃参观花卉。当一位白发苍苍的老农得知我们是从大陆来时，立即跑到我们面前，特别激动地问："你们真的是从大陆来的吗？"当得知我们来自山东时，老农大声喊着："老家来人了！"然后一直跟着我们参观的队伍，用已经不太熟练的普通话不停地向我们介绍着各色热带花卉的名称品性，还不时向我们询问山东老家的一些情况，眼眶里激动的泪水让旅行团的每个人都不禁为之动容。参观结束时，老农赶忙从花圃门旁搬了两盆鲜艳的花木，一定要作为礼物送给我们，最后还说："几十年都没回家了，有时候想得厉害了就多看看这些花，真想有生之年还能回家乡看看啊！"话没说完，眼泪已流满双颊，也流在了我们每个人的心里。

彰化市郊的一家花圃，山东"老乡"相遇

今年 11 月，在台北举行的第二次"陈汪会谈"通过了包括扩大两岸"三通"在内的多项协议，以后大陆游客赴台旅游就更加便捷和舒适了，而不断向前发展的两岸关系也给两岸同胞的交流带来了光明的前景。祝愿那位在花圃遇见的老农能够实现他"再回老家看看"的梦想。

两岸老兵不了情

冯 仪

前青年军208师老兵邵承泽（作者战友）在联谊餐会牌匾前

青年军是在"一寸山河一寸血"的抗战年代建立的。"十万青年十万军"，抗战时期，青年军战士发扬大无畏的爱国主义精神，奋勇杀敌，浴血奋战，和凶残的敌人誓死周旋，为抗战的最终胜利立下了汗马功劳。

1940年代末期，青年军诸多战士选择了不同的道路，我留在了大陆，而很多战友则去了台湾，浅浅的海峡把昔日并肩作战的战友彻底隔绝，一隔就是几十年。

随着两岸关系的发展，1980年代以来，大陆和台湾的交流交往日渐频繁，我也终于和台湾的老战友们搭上了线，两岸老兵从此飞鸿不断，互诉友情。在青年军战友的盛情邀请下，我几度踏上了祖国的宝岛——台湾，和战友们终于团聚到了一起。

1995年7月，前青年军208师袍泽60周年联谊餐会在凤山市宾馆隆重举行，全岛约80余名青年军208师老兵参加聚会。其时我刚好在台参访，也参加了这次聚会。青年军战友们长期客居异地，对家乡的情况都十分关心。他们一个个围着我问长问短，详细了解大陆的情况。大家聊着聊着，又说起1940年代末期离别北京时的场景，唱起了1940年代末期离开北京时的那首歌曲："红烛将尽，杯酒已干，相对无言……与君一席话，明日各天涯，纵然惜别终须别……"唱到这儿，大家一个个眼眶湿润，再也唱不下去了。

是啊！这些燕赵子弟，离别故乡近40年，魂牵梦萦都是家乡的一草一木，如今突然提起故乡的往事，怎能不激动万分、情难自禁呢？

好在两岸交流日益密切，人员往来日益频繁。青年军战友们也得以纷纷组团，赴大陆参访，他们亲眼看到了祖国大陆的发展壮大，看到了自己家乡日新月异的变化，均感十分高兴。大家纷纷表示："两岸关系实现和平发展，才是两岸人民最大的福祉，中华民族最大的幸事。"

美丽的小木屋

蒋碧珍

2000 年 7 月我随浙江幼儿教育考察团踏上了宝岛台湾，交流两岸的幼儿教育，环岛游览了宝岛的美丽风光。在游览日月潭后，我们下榻在位于日月潭附近的富豪群度假别墅。这是一幢十分可爱的富有西式情调的童话般的美丽小木屋，木屋子四周花草藤蔓环绕，室内钢琴、雕塑、盆花错落有致地摆放，墙上挂着印象派女人头像，一招一式显现出主人的品位与追求。

我们在小木屋住了一晚。第二天离别时，男主人送我们上车，我好奇地问他，这木屋中的室内装饰是谁设计的？他说自己是药局老板，赚了点钱，盖了这栋别墅，里面的装饰都是夫人一手打理的，墙上的画是夫人自己画的。我们非常惊讶，这是具有一定水平的画！天呀，我们很想一睹女主人的风采，可是女主人始终未出现，留给我们许多想象。下图是当时我在木屋大厅中的留影。

十分可爱的富有西式情调的童话般的美丽小木屋

美丽的东海岸线

何长春

环绕台岛旅行，其中比邻太平洋的台湾东海岸线一带风景优美，给我留下很深的印象。

从台北出发，到台湾最东北的地方停车，天风浩荡，云水变幻，面对波涛无边的蔚蓝色大海，看海鸟在蓝天和大海之间飞翔，顿觉心旷神怡，宠辱皆忘……

汽车沿着蜿蜒漫长的花东海岸公路，自北向南行驶，公路的右边是崇山峻岭，有的赤露深沉；有的万木生长，欣欣向荣；有的两山之间突然降落形成大山谷，好像为远方客人设置的一个大客厅，里面还有许多盛开的鲜花，甜甜涩涩的野果，尽管风貌各异，但是沉稳坚毅的山的特质却蕴涵在那里，顽强地抵御着太平洋的侵袭……

一路上，高山给人乘车观光的安全感觉，大海却给人带来不断的惊险。我们行进的公路左边，就是陡峭的悬崖和深不可测的大海，大海撞击岩石发出宏大的声响又增加了惊险的效果，感觉大地都在摇动，当年开山凿石、修建花东海岸公路是多么艰难，而今坐车游览的人也是那么紧张。

在漫长乘车过程中，旅行社安排了影碟节目，车厢里开始回响起邓丽君的歌曲："小城故事多，充满喜和乐，若是你到小城来，收获特别多……"甜美、熟悉的歌声安抚了疲劳的游客，激起了大家的雅兴，曾经邓丽君是那么遥远，又是那么亲近，无数的华人钟爱她的人和歌，佳人早逝的她留给人们太多的想念和猜测。

夜色渐浓，汽车驶入花莲县内，这里属于丘陵地区，土地平旷，房屋俨然，居然产生一种凯旋的心情！

花莲县内田园风景

夜落桃园

何长春

黑夜茫茫，飞机以 860 公里的时速在空中平稳地穿行。此行绕泰国、经香港，11 月 16 日自大屿国际机场起航，前往台湾宝岛。

我们搭乘的是台湾长荣公司的航班，迎面而来的是音容笑貌和我们一样服务人员，听到的是无比熟悉的汉语，看的也是一样文字的报纸，亲切之情，油然而生，虽然我没有亲友在台湾，此行竟有探亲之感⋯⋯

客舱电子显示屏告诉乘客，快到台湾桃园国际机场了，整个行程历时 1 小时 20 分钟，俯瞰窗外，天上星星数颗，人间万家灯火——这就是台湾吗？

是的，飞机顺利降落在桃园中正国际机场。在香港的时候，我们一行人还在等候台湾方面是否准入的消息，直到快起飞了，才确定全面通过！现在脚踏在台湾的土地上，心里突然有种陌生的感觉——政治常常使社会生活变得复杂神秘。

通过海关后，我们随即上了台湾旅行社接应的旅游巴士，导游自我介绍说："各位贵宾，小弟姓魏，今年43 岁，各位贵宾可以喊我小魏，或者是魏导，千万不要叫我倒胃啊！欢迎大家来台湾观光，在这几天的环岛游中，就是小弟为大家服务，我是台南的，祖籍福建，讲的是普通话，不知道你们听得清楚不⋯⋯"我们这个团属于拼团，来自祖国大陆东西南北的都有，普通话水平各异，在我看来，魏导的普通话很亲切了，虽然他有些学生见老师一般的自卑，但确实是很好了。

同根同文化，谦虚严谨，这就是台湾民众给我初步的印象。

旅游大巴驶入桃园市，是夜，我们入住富堡村饭店，安顿好行李，人未困，夜未央，走出酒店，就在门口照相留念，背景里有四个广告字："蟹蟹光临"！

2006 年 11 月 17 日夜抵达台湾住宿的地点

台湾环保见闻

黄 炳 元

高雄澄清湖畔

2006年底赴台旅游，给我留下印象最深刻的，还是台湾的环保和生态。

台北市基隆河，河滩上草地绿油油的，建了网球、棒球等运动健身场所，当雨季发洪水时，作滞水场所，使洪水不致淹没市区的道路和居民住宅。

在美丽的花（莲）台（东）海滨，我们看到了台湾最大的水泥生产企业——台湾水泥、远东水泥等，都利用这里丰富的大理石资源建厂，长达数十公里的全封闭原料输送线深入到山体深处，看不到大片山体遭到破坏的场面，生产厂区都采用回转窑，没有一般水泥生产厂尘土飞扬的现象。

世界上唯一的大理石峡谷——太鲁阁游客中心，有专门图板介绍台湾珍贵资源——玫瑰石遭盗采情况及惩罚措施，中心还专门开展了环境教育馆，供游人尤其是学生校外活动时参观。

日月潭目前只允许邵族原住民下水捕鱼，但这些"大自然之子"舍弃现代高效的捕鱼工具和技术，仍然采用千百年来祖先流传下来的类似江南港汊的捕鱼工具——扳网，捕获量不高但可不会让鱼类濒临灭绝。同时，邵族同胞还在日月潭用水草制作人工渔礁，让鱼子鱼孙们能够繁衍发展。

台湾各乡镇都有寺庙，雕梁画栋，香火旺盛，使得焚烧纸钱的"金炉"整天得不到休息，但却没有发现一只在冒黑烟的。在高雄旗津的天后宫，我仔细观看了"金炉"的结构，发现其不冒黑烟的秘密，在于上面用白铁皮制作的装置——相当于进行了二级消烟除尘处理。"保护环境，人人有责"！在台湾可谓做到了"保护环境，神人有责"。

其实，台湾同胞的环保和生态保护意识，并不是与生俱来的。他们也是在不合理的开发对环境造成破坏后，得到了沉痛的经验教训，才从不自觉走向自觉的。

千年珊瑚万年红

常　虹

台湾红珊瑚

台湾红珊瑚

　　唱了多年的歌剧选段《珊瑚颂》——"一树红花照碧海，一团火焰出水来，珊瑚树红春常在，风波浪里把花开。"但始终没有见过红珊瑚，也不明白海底那火焰般的红花树如何与革命英雄联系到一起。2006年民革株洲市委组织的台湾行，着实开了眼界，确实看到了红珊瑚，在整个的参观过程中，《珊瑚颂》的曲调一直在心底唱着。

　　据资料，珊瑚是一种水生动物，属于腔肠动物门，广泛生长在南北纬大约30度之间的20—30摄氏度温暖洁净的水域中。由于受地质结构和海底地形（马里亚纳海沟）及温暖气候的影响，台湾岛周围海域成了红珊瑚生长的温床，这里出产的珊瑚工艺品销售占世界总量的80%，成为台湾的"红色黄金"产业而扬名世界。

　　由于珊瑚在海中的生长的速度极为缓慢，以红珊瑚石化后显示出的生长纹和生长线推测，红珊瑚20年长1寸，300年才长1公斤，千万年来，任凭风吹浪打，能屈能伸、屹立不倒，千年修成美丽树，世人始知红珊瑚。

　　红珊瑚在珠宝大家庭中占尽风流。它与琥珀、珍珠

被称为有机宝石。因此，台湾红珊瑚加工工业非常发达，各种艺术作品层出不穷，件件都蕴藏着中华文化的精髓，件件都是光彩夺目的珊瑚珠宝艺术品，件件都是我们民族的骄傲。

　　红珊瑚按颜色不同又可分为深红珊瑚、桃红珊瑚、粉红珊瑚、粉白珊瑚、白色珊瑚等五大类。我们在台湾看见了深红色、桃红色、粉红色以及白色等各种颜色的珊瑚，这是大自然赋予人类的精美佳作。

　　人类对珊瑚的利用可追溯到古罗马时代，罗马人称之为"红色黄金"，当时的人们认为珊瑚能护身、避邪，并且具有"活血、明目、退烧等功能"，对渔民来说，它还可平息海浪，预测闪电和飓风的危害，有关珊瑚的传说，一直被蒙上神秘的色彩。也正是因此，红珊瑚成为人们心目中独一无二的千年宝贝。

　　在展厅销售中心，展出的饰品件件漂亮，叫人（特别是女士）爱不释手，只可惜身上的银子太少，不能满足心愿，只选择比较小的耳坠和项坠作为纪念，不想也花掉人民币几千元，心里却欢喜无比。

台湾人的幽默

李俊生

日前在台旅游，当我漫步走出台湾阿里山风景区姐妹潭原始森林，一所香林"国民小学"赫然展现在面前。我被课间休息时边唱边跳做游戏的小朋友们深深吸引，并感叹中华民族虽曾惨遭异族蹂躏却依然像原始森林般充满活力，生生不息。在联想沉思之余，左图中"最高学府实至名归"八个大字却让我疑惑不解。区区一所简陋小学怎敢妄称"最高学府"？何来"实至名归"？

连忙请教随行台湾人士，才得知"最高学府"的来历。原来这所"国民小学"地处海拔2600多米的阿里山，在台湾作为"最高学府"当然是毫不夸张、名副其实；至于"实至名归"本人猜测应该蕴涵校方积极的办学理念和追求的崇高目标，并用来做吸引生源的广告罢了。

这种一语双关的幽默方式，既展现了台湾人对祖国文化的传承，又体现了中华民族积极向上的奋发精神。原本有些疲倦的精神，在不知不觉中似乎轻松了许多。

香林"国民小学"

情满日月潭

朱馥英

前排右一为笔者

"日月潭碧波在心中荡漾，阿里山林涛在耳边震响。台湾同胞我骨肉兄弟，我们日日夜夜把你们挂在心上。"好多年了，这动人的旋律一直萦绕在我们心头。2008年12月，笔者随民革湖北省委会赴台参访团，第一次来到了祖国美丽的宝岛台湾。在这里，我们见到了以前只是在梦中的日月潭、阿里山，领略了宝岛旖旎的风光；在这里，我们看到了台湾同胞对祖国亲人的真挚热忱，体会到两岸同胞血浓于水的骨肉之情。

9日那天，我们游览了美丽的日月潭。日月潭位于台湾南投县中部，是台湾最大的天然湖泊，海拔约760米，面积900多公顷，因潭形半如日轮半如月钩而得名。台湾原住民邵族就居住在这里，姑娘小伙们用热情奔放的歌舞来欢迎我们这些来自远方的客人们，我们和他们手牵着手，共同起舞。

清晨的日月潭，笼罩在薄薄的雾霭中，静静的湖水、黛色的山峦，平添几分妩媚和神秘，她是那样宁静、迷人，给人以遐想。太阳出来了，我们泛舟湖上。日月潭上碧波荡漾，四周青山葱翠，湖光山色美不胜收，远山上露出慈恩塔影。以前听说日月潭非常美，美在她的湖面广阔、潭水澄澈，环湖层峦叠嶂，一年四季晨昏景色各有不同，现在身临其境，果然名不虚传。游轮将我们带上了名为光华的湖心小岛，清纯的空气，如画的风景，令人陶醉，台湾导游李良辰先生为我们全体摄下了愉悦难忘的一瞬间。

我们乘坐的是一艘名为"皇家号"的游轮，船主人一边操舵一边与我们交谈起来，他对我们说，两岸就要"三通"了，以后一定会有更多的祖国大陆同胞来台湾，来日月潭旅游，为此，他特地花了几十万元将游轮装修一新。大红的主色调、斗拱飞檐、腾龙祥云图案等透露出浓郁的中国传统文化气息，独具匠心的设计饱含了船主人深深的中国情结。船靠岸了，我们彼此告别，他欢迎我们带上亲人朋友一定再来台湾，再来日月潭，再来乘坐他的"皇家号"，我们则欢迎他和台湾同胞们去祖国大陆走一走、看一看，观光交流。

台湾之旅让我们切身感受到，真是两岸一家亲啊！我们相信，随着海峡两岸"三通"的实现，两岸同胞一定会更加频繁亲密地往来、交流与合作，两岸关系和平发展的新局面一定会尽快到来！

风光旖旎的台湾海景

林润荣

台湾海景风光

2007年11月的台湾之旅海景观光给我留下了难忘的记忆。

台湾的海景难得一见。台湾位于我国东南海面上，全部岛屿面积3.63万平方公里，其中台湾3.59平方公里。地理位置西临南海，北临东海，东临太平洋；海峡长约200海里，宽约70多海里，水深约80米。整个海岛四面环水，有绵长的海岸线。海滨城市有新竹、台南、高雄、台东、花莲、基隆等城市。沿海有垦丁、鹅銮鼻、猫鼻头、野柳、清水断崖等著名海滨奇观。海水侵蚀的礁石有如鬼斧神工，如垦丁的外国人头像和野柳的女皇头像，十分酷似，蔚为大观。

迎着强烈的海风走向海边，人被吹得东摇西摆，难以自持。来到海滩，自然而然会想起著名歌手潘安邦唱的《外婆的澎湖湾》中的："……白浪逐沙滩，没有椰林醉斜阳，只是一片海蓝蓝……阳光沙滩海浪……"进而引发起思绪万千。

在海边兜风，海洋在海滨蔚为奇观，充满了诱惑。海上巨浪滔天，一浪高过一个浪，层层叠叠排山倒海而来，咆哮如雷，猛烈拍击着堤岸。海边的鹅卵石和贝壳五光十色，捡拾时必须十分小心，一不留神就会被巨浪卷入大海。

归程路上，我想起台湾著名诗人余光中写的《乡愁》思乡曲："小时候／乡愁是一枚小小的邮票／我在这头／母亲在那头"；"长大后／乡愁是一张窄窄的船票／我在这头／新娘在那头"；"后来啊／乡愁是一方矮矮的坟墓／我在外头／母亲在里头"；"而现在／乡愁是一弯浅浅的海峡／我在这头／大陆在那头"。禁不住热泪盈眶，感慨万端……

台湾，祖国的宝岛，你何时回到祖国的怀抱?！"归来吧,归来哟，浪迹天涯的游子！归来吧,归来哟，别在四处漂泊！……"

台湾海景——垦丁单斜山

台南赤嵌楼随记

林润荣

　　我们是在下午时分到达台湾南部的台南市，时天气有点阴沉。台南古老而又沧桑，从那狭窄的马路和街道就可以窥见。可惜未来得及游览细看，仅是在最负盛名的文物古迹赤嵌楼里停留了多时。

　　赤嵌楼曾摧毁于地震，现在的赤嵌楼是清光绪年间重修。楼前对联有："赤嵌楼高，西天不远；白衣道广，南海来同。"公元1662年，南明郑成功奉旨收复台湾时，曾在赤嵌楼收复失地并接受荷兰驻台湾长官揆一的投降。今楼前广场有郑成功接受荷军献降书的群雕。楼下排列着9座巨大赑屃碑趺的石碑，为清代乾隆皇所赐；碑上刻有乾隆亲撰的碑文。楼内至今还陈列着荷兰人投降的条约书和郑成功当年的海战图。

　　台湾在远古时代就是大陆板块，后因地壳变动部分沉没而成为海岛。台南历经数百年，是台湾最古老而又值得感慨的城市，台南历史也是台湾历史的浓缩写照。台岛早期先后被葡萄牙和西班牙占领，1624年荷兰夺取了西班牙在台湾北部（台南市之北）的据点进而占领台湾成为殖民主义者，在台南筑普罗民遮城（今赤嵌楼）。1662年明朝郑成功收复台湾，改普罗民遮城为承天府治；1684年台湾归降清朝，成为国家统一体不可分割的组成部分；1895年日军侵占台湾长达50年；直到1945年日本投降，台湾才重新回到祖国怀抱。

　　郑成功收复台湾后，令副将陈永华驻守。"台湾周千里，土地饶沃，招漳、泉、惠、潮四府民，辟草莱，兴屯聚，令诸将移家实之。"（《历代名臣传·明·郑成功传》）郑成功收复台湾后，移民多来自福建漳州、泉州和广东的潮州、惠州等地，逐步与当地人同化，在血缘上与大陆一脉相承，都是炎黄子孙。

　　我在楼前购到一本台南市政府印行的《郑成功应称朱成功》的书。书中对郑成功是南明唐王赐姓朱十分考究；并对后来郑成功奉南明永历帝皇命收复台湾也有大量的历史资料作论证。书中盛赞郑成功为"国姓爷"代表明朝政府收回国土的伟大功绩。台南市长许添财亲自为该书撰写序言中说："拥有文化资产的台南，是台湾最悠久的城市"。序言还说："文化艺术是一个民族社会资产的累积，传承越多，文化艺术的资源也愈丰富。"可见台湾十分重视民族传统文化的传承。

圆梦之旅

李 瑛

1976年，我奶奶临终前，拉着我父亲的手说："咱家里有一条'根'在台湾，不知是死是活，他是你表兄。"

2005年9月上旬，我随民革长沙市委考察团到台湾，见到了我的表伯父欧阳莘耕，圆了我奶奶临终前的牵挂，圆了我父亲生前的嘱托。

表伯父在台湾有一女三男，都已成家立业。他们不住在一起。女儿名叫欧阳台英，在台北市天主教静修女中任辅导室主任，一个儿子是学医的，骨科专家。两个儿子是工程师，他们都住在高雄市。

我们的谈话，毫无隔阂。老人家很健谈，记忆力惊人，最骄傲的是他参加了淞沪抗战。他说，外人认为不能坚持一周的上海阵地，竟死守10周之久，鲜血染红了黄浦江，现在想来仍历历在目。他当时从死人堆里爬出来，腿部受伤，转移到武汉、长沙等地养伤。

当我们谈到两岸一家亲时，表伯父很激动。我告诉老人，大陆纪念抗战胜利60周年，对国民党军队为主力的正面战场给予了充分肯定。老人听了更加兴奋，脸上露出了孩子般的笑容。

这次台湾之行，不仅领略了台湾高山、峡谷、湖泊、平原、海岸、温泉等美景，更重要的是见到了欧阳伯父，圆了我家三代人的梦。我们期望他有生之年再回故土，并默默地遥祝他老人家健康长寿。

作者李瑛（左）与表伯父（中）、伯母在台湾合影

儿子，就让爸爸背背你吧

赵治君

这是一幕真实的人间悲喜剧。我的父亲赵玉章，住在吉林省辉南县一个偏僻的小山村。1946 年农历 5 月 12 日，22 岁的他含泪告别即将临产的妻子，离开了养育他的故土，奔赴战场。

11 天后，他的妻子生下了一个可爱的男孩，一个生下来就没有见过父亲的人，那个孩子就是我。

从此，日复一日，年复一年，我慢慢长大了，有多少次看到别的孩子都有自己的爸爸，我也哭着喊着向妈妈要爸爸，妈妈听着我的哭喊声，心都要碎了。多少年来，妈妈盼爸爸回来，望眼欲穿……然而，千辛万苦等来的消息竟是父亲随队伍去了海峡的那边。

多少年过去了，当年的我也做了孩子的父亲，可我对父亲的思念不但没有削减，反而与日俱增。由于两岸人为的阻隔，想见到父亲的愿望遥遥无期，我和母亲慢慢地有点绝望了，觉得这辈子也见不到父亲了。于是，每逢年节，按照母亲的吩咐，我给父亲焚纸烧香，用中国人最传统的方式表达一个儿子对父亲的孝心。

然而，让我做梦也没有想到的是，改革开放后的 1986 年，在我 40 岁的时候，我找到了我的亲生父亲。我百感交集，心急如焚地等待着见面的这一天。1986 年 10 月 6 日下午 1 时 30 分，我盼望了 40 年的这一刻终于到来了，父亲从海峡的那边，我从海峡的这边会聚到日本长崎机场，与父亲跨海相见。

那是怎样一幕令人欣喜，又令人撕心裂肺的场面哪！我狂奔到父亲面前跪倒在地，紧紧地抱着父亲的双腿，号啕大哭……老泪纵横的父亲把我从地上扶起来对我说："孩子，爸爸对不起你，从你生下来到现在 40 年了，爸爸一次都没有抱过你。今天，咱们父子俩终于团聚了，可是爸爸已经老了，抱不动你了，就让爸爸背背你好吗？"我哭着趴在父亲的背上，感受着这迟来的父爱，此情此景把在场的人都感动得哭了。

这张照片我一直珍藏着，就让它作为两岸人民几十年来从隔绝到交流的历史见证吧。

儿子，就让爸爸背背你吧。

走进太鲁阁大峡谷

郑 喆

2007年6月，我有幸游览了享有"世界十大奇景之一"美誉的台湾著名的太鲁阁大峡谷。那里的美景让我留恋，美景背后的故事更让我难忘。

1952年，蒋介石派遣20万国民党军队进驻台湾中央山脉的北段，去开掘花莲县境内的太鲁阁大峡谷。为了打通从外界进入大峡谷的道路，官兵们手握钢钎，打凿炮眼，炸山开路，流汗、流血。为了让大峡谷山体中埋藏的大理石、玫瑰玉、猫眼儿、七彩玉等矿石能早一天走出大山，为贫穷的台湾人的生活助上一臂之力，军

人们日以继夜地劳作着，他们忍受着艰难的生活条件，冒着生命危险，在群山之间的半山腰上开凿盘山道，因此而牺牲的国民党军队的官兵多达几万人。这些大陆来的老兵们为太鲁阁大峡谷被列入"世界十大奇景之一"做出了宝贵的贡献。

我们徒步走过大峡谷，仿佛又见到官兵们正光着脊背、抡着铁锤击打钢钎、挥汗如雨的劳动场面；在大峡谷瀑布的喧嚣声中，我似乎听到了当年在群山之间回荡着的一阵阵炸山的炮声和军人们的劳动号子声。

为了缅怀那些为开拓太鲁阁大峡谷而牺牲的国民党军官兵们，台湾民众自发地捐款、买料，并选取大峡谷的南段、峡谷山涧瀑布泉水的聚集湖边作为纪念地，合力修建了一座纪念祠，取名叫"长春祠"。多少年来，祠中总有两股山泉水不断地流出，奔流不息。看上去真的很像人们脸上流淌着的眼泪。我心头涌起一阵莫名的惆怅——这两股清泉水，多像长眠在这里的官兵们思念家乡而流出的眼泪！更像是一辈辈的台湾人为缅怀这些从大陆来的、为台湾建设流汗、流血、献身的几万名英雄们而流出来的怀念、感激的热泪啊！

太鲁阁大峡谷

两岸统一是我的最盼

邱 倩

二叔一家

照片中间这位老人就是我的二叔，簇拥在他周围的是其女儿、女婿一家，看得出来，老人那时是幸福的。照片背面写着："摄于民国八十三年（1994年）7月17日台湾桃园县"。

然而，这个出身黄埔、曾经在台儿庄等战役中立过战功、现年已89岁的老人，如今却孤身一人住在台湾的寓所里，体衰多病加上孤独，使老人度日如年。

1988年，离开大陆40年的二叔首次来渝探亲，看到大哥（即我父亲）一家儿孙绕膝的幸福情景，很是惊讶和羡慕，他对父亲说，因为工作原因，自己结婚很晚，并且只有一个女儿，老伴也已去世，有愧于祖先。返台后，二叔让女儿女婿及孙女们相继给我们写信、寄来贺卡及衣物饰品等，我们也托二叔给堂妹一家捎去了一些重庆的特产，堂妹一家还多次写信邀请我们去台湾观光做客，就这样，我们与台湾亲人的感情越来越深。后来，二叔就给我们大陆的姊妹每人寄了这张他们的全家福，他在信中告诉父亲，虽然回不了家乡，但不用牵挂他，他在台湾很幸福，女儿一家很孝顺。

陈水扁的疯狂"台独"使台湾的族群遭受了空前的撕裂。由于二叔的女婿是民进党成员，随着蓝绿阵营敌对情绪加深，女儿一家搬离了出去，后来逢年过节也很少来了。前几年，二叔不幸遭遇了车祸，病床上的老人思念着女儿一家，可最终女儿还是没有来。去年，妹妹专程从重庆绕道菲律宾去台探望二叔，老人拉着妹妹的手说："什么时候实行了'三通'、你们能来台湾住上一段，陪陪我，我也就知足了……唉，落叶不能归根哪！"

现在，每当我捧着这张照片，想起彼岸风烛残年的二叔，我就会暗自落泪。我想，如果两岸统一了，我们能够自由地去彼岸与二叔一起过年，那该多好啊！

台湾老一辈人的心声

何 修 文

在台湾南投县国姓乡中兴路有一家叫"广州东南美小吃"的餐馆，遇到了一位年逾古稀的广东籍台湾老军官，他是餐馆的老板，见到广东来的客人格外亲热，除了好茶好饭款待我们之外，还给我看了他写的自传和一些国民党元老题给他的墨宝（如陈立夫、余俊贤等）。谈到两岸近些年的变化，老人十分感慨：四十年前，大陆"文革"动乱，经济落后；而蒋经国却大力发展经济，台湾飞速发展，后来成为亚洲四小龙之一。四十年后，大陆搞改革开放，经济飞速发展，崛起于东方；台湾却蓝蓝绿绿斗来斗去，经济停滞不前。这是不是叫四十年河东，四十年河西呢？

老人的自传手抄本，小楷古朴有力，所述资料十分珍贵。其目录第五章为"鹤唳南屿"，第六章为"羁台落魄"，第七章为"国统何期"，单从标题里面，我们就能读出许多弦外之音。

老人对国家统一的期盼不正是代表了千万台湾民众的心音吗？

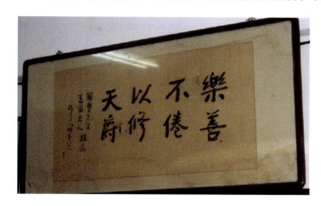

陈立夫给国玺老人的题词

台北"诚品"书店见闻

周小平

2008 年 2 月我去台湾，虽然是冬季，台北的雨仍然不期而至，我赶紧跑到旁边的商店，发现有人拎着书出出进进，原来是书店。这家书店很大，后来才知道它是赫赫有名的"诚品"四十几家分店的旗舰店：敦南店。这家店 24 小时开放。

大门口有个放雨伞的架子，我取个塑料袋把伞套上。一楼大厅有很多椅子，不少人在看"话剧短片"。前面桌子旁有两个人正在根据剧情解说，有人发我一份材料，原来是大学老师们正在介绍希腊悲剧《安蒂冈妮》。

书店在二楼，分为"推荐书"区、"新类别书"区、"精选 100 本"区、"名家名作精典阅读"区等，其他按历史、文学、旅游、建筑、环保、生活风格、吃喝玩乐分类。价格呢，几百块钱左右，也打折：单本 7.9 折，三本以上 7.5 折。翻了翻，有本《名片风水学》，呵呵，好奇地翻翻。畅销书中有一本《好人变成有钱人》比较吸引人，可是繁体竖版太挑战我的阅读习惯了。也有大陆出版的书，如钱钢的《唐山大地震》，重新用繁体字翻印了。地面铺有地板，到处是坐着看书的人们，年轻人多。

音像制品区学生占多数，中学生摇头晃脑试听最新歌曲，小孩子乖乖地坐着看漫画书。看到一套《世纪回眸——宋美龄》纪录片，想给喜欢历史的老妈买，一看

台北"诚品"书店

定价"乖乖，1200 元"，合人民币 500 块，太贵了。服务生看我犹豫不定，温和地说："您想要，我可以打九折"。我说："怎么这么贵？"他说："我们制作成本很高，查阅历史、寻访老人，还要到美国拍摄所以就贵。"旁边那本《张学良传》纪实片也 1000 多元。

台湾书店人不多，台大江教授说："我们习惯网络购书，方便快捷。不怕塞车、不交停车费，还有超低折扣。"在家喝咖啡的时候，手机里短信通知"到巷口便利商店取书"几分钟 OK 啦。

我对蔚蓝色的期盼

韩　伟

地震了，台湾地震了！
台湾岛正像一条船在蔚蓝色的海里飘摇；
我虽然居住在塔克拉玛干大漠边缘，
但宝岛的安危牵扯着我的心啊，
我穿在身的蔚蓝色制服也随风起了波涛。
打开网页，才得知台湾的小妹一切尚好，
看啊，她竟还给我发来了这样一个 E-mail:
你可知塔克拉玛干大漠怎么成的么，
那是因为每次我一想你，
老天就下一粒沙，
日积月累，我的思念便成了阳光流淌的沙海，
让你感受我那爱的炙烈……
我为你蓄一海的思，小妹！
你的爱完全不必这样远涉而来，

我们早该手拉手地走向新时代，
因为，台湾绝不会成为靠不上大陆的船！
为了这一愿望的实现，
我决定"剪切"自己的手指"粘贴"到电脑键盘上，
把大陆的爱不停地"复制"一遍又一遍，
然后，搬运塔克拉玛干的沙填平台湾海峡，
那样，台湾和大陆就联为一体，
你不会被水淹没，我也不会被沙湮埋，
两处蔚蓝色合在一起，共同享受祖国统一的美满！
那时我们可以坐在阿里山巅，
一起欣赏日月潭中的满月；
或者，手拉手登上世界最高峰，
一同拥抱祖国的朝阳，将中华大地的美丽和辽阔眺
望百年！

感受特色的台湾文化

郑月明

这张照片是我 2005 年 8 月赴台湾参观时到台湾原住民家中做客，和当地居民的合影。每当看到这张照片，我的耳畔仿佛又传来当地三三两两的孩子唱起的儿歌：

作者 2005 年 8 月赴台湾参观时到台湾原住民家中做客，和当地居民的合影（右一为作者）。

"一二三上台湾，台湾有个阿里山，阿里山上有神木，明年一定回大陆。"

听到孩子的歌声，我心里涌起一股暖流，使我有一种说不出的感觉。

在台湾游览参观，给我留下印象最深的是台东。每年 5 月至 8 月是台东各原住民"丰年祭"时期，持续 4 个月的丰年祭活动把台东原住民的特色文化展现无遗，在独具特色的原住民庆典活动中，当地原住民载歌载舞，参加大型的露天音乐会，各种精品美食琳琅满目，各种工艺商品独具匠心，还有丰富的当地土特产品和文物跳蚤市场，最引人注目的还算是南北小吃大排档，好不热闹。

到台湾原住民家中做客，受到热情款待，我们都有一种宾至如归的感觉。从台湾民众的和善友好中，我看到了两岸统一的希望。

海峡两岸的这一家人

王樟生

我的童年是在抗日战争中度过的。7岁那年，家乡湖南临湘沦陷，父母将我送往保育院。像我们这样的保育院在全国有61所，都是中国战时儿童保育会创办的，这个保育会是由宋美龄、宋庆龄与邓颖超、李德全、沈兹九、郭秀仪等国民党与共产党及各界杰出妇女所筹建。老师大多是女性，我们保育院的院长叫齐新，约30岁。保育总会是一个大家庭，61个保育院的孩子亲情胜过兄弟姐妹，八年抗战期间培养了3万多名儿童，其中不少成为国家栋梁之才。

抗战胜利后，保育院完成历史任务而解散，部分保育生到了台湾，由于人所共知的原因，我们失去了联系。改革开放以后，我与在台湾的亲人和同学取得联系，经过一番周折，办好赴台探亲手续，在台滞留两个月，与童年时在保育院的同学见面，恍若中，同学们得知我到台湾便奔走相告，欣喜异常，多次聚会，当年分手时我们还是青少年，如今已白发苍苍。一次在台中港聚会，我们通过电话与当时健在的保育院院长齐新妈妈交谈，年近九旬的她声音洪亮，情绪激动，她与我们挨个儿对话，老人家想念分离在台数十年的孩子，当老孩子齐声唤她妈妈时，海峡两岸的母与子泪涕纵横，她老人家要我多拍照片带回大陆，她要细细地辨认当年的难童子女。

在高雄同学家里做客，右三为作者，其左右为童年保育生同学，两位年轻人是同学李柯林子女。

97

在台湾为二姐庆生

马友联

在台湾为二姐庆生

2002年12月8日至2003年1月末，我在台湾探亲之时，恰逢我二姐马友德女士72周岁的生日。人生七十古来稀，2003年二姐生日那天，我的两个外甥的全家人和在台的亲朋好友，为二姐举办了隆重寿诞庆典。

去台前，我预先就准备了生日贺礼向二姐祝贺。礼品中二姐最相中的，是民革中央副主席修福金特意为二姐书写的大幅"寿"字中堂。上款为"壬午年"，下款为"福金书"，下有祝词"福如东海寿比南山"。还有吉林省书法家协会副主席、吉林市书法家协会主席叶天废赠祝的"松鹤长春"。这两幅作品，二姐视如珍宝，挂在客厅中央。庆生那天，她十分欢欣，精神矍铄，感激之情无以言表。她希望请修副主席、叶天废先生有机会到台北家中做客，共叙友情。

二姐于1948年在国民党国防部医学院高护班就学时（当年17岁，校址在上海），被迫随校去台湾后与亲人失去联系。时光转眼而逝，至今已有60载。我于1960年开始寻找亲人，历经了27年的不懈而艰辛的寻找，终于于1987年5月找到了她。从此互通家书和信息。从那时起，二姐多次回来探亲、祭祖、观光旅游。看到祖国发展壮大，人民生活大有提高，她非常高兴。

我经历的台湾地震

唐立君

2006 年 12 月 26 日晚上，台湾南部海域发生 7.2 级地震，地震导致 14 条海底光缆中断，大陆通往台湾地区、北美、欧洲、东南亚等方向的互联网大面积瘫痪。地震造成的影响至今尚未消除。

台湾是一个多地震的地区，我们上海人很少能够体验地震带来的恐惧。1999 年秋天，我去台中探亲，阴差阳错地，刚好赶上 9·21 大地震。

1999 年 9 月 20 日晚上，游览了一天的我们早早就休息了，后半夜，我在睡梦中被惊醒，一时间恍恍惚惚，感觉自己好像躺在剧烈颠簸的车上，房间的应急灯亮了（台湾民居大都装有应急灯），耳旁响起衣柜撕裂的声音（为防范地震，民宅的衣柜都是用铆钉固定在墙上），桌上的物品洒满一地，走廊里传来嘈杂的人声，在刹那间我意识到：地震了！

慌乱中，老伴扯起外孙，我和女儿胡乱抓了几件衣服和被褥，赶紧往安全通道跑，由于过于紧张，老伴和外孙在楼梯上双双跌倒，外孙摔掉了两颗门牙。跑到楼下，发现全市已经停电，街上漆黑一片，警车、消防车、救护车呼啸着往来穿梭，闪烁摇曳的车灯更增添了紧张和惶恐。

我们随着众人来到河边避难。天亮之后，社区组织的救灾人员来了，他们安顿群众，组织人员搭建防震棚，送来免费食物和日用品。灾难一下子拉近了人与人之间的距离，相识的不相识的人们都在互相安慰，大家把领到的食品和矿泉水，都优先让给孩子和老人。

由于台中市不在震中，所幸伤亡不大，大部分楼房只是开裂和倾斜，距离我们避难处不远有一栋三层楼房，如今只剩下了两层，一层已经完全陷入地下。整个台中市，除了紧张忙碌的抢险救灾外，其余活动已经完全停止。

在防震棚里蜷缩了四天四夜，时时提防着余震的威胁。第五天早晨，我们包了一辆计程车，去台南朋友家避难。原本一个小时的车程，足足走了大半天。由于道路被震坏，多数路段不是隆起就是凹陷，裂缝处处可见，公路上，赈灾和运送棺木的车辆排起了长龙，我们的车只能夹在车流中缓缓蠕动。

一路所见，尽是残垣断壁，废墟和瓦砾堆积如丘。我们经过的台中县车势镇，是灾情最严重的地区，全镇有 1053 人在地震中死亡，道路两旁尽是倒塌的房屋，镇上一片死寂，仿佛世界末日，此情此景，非亲临现场根本不可能体验得到。

9·21 地震虽然灾情严重，但是台湾同胞给人的总体印象还是临危不乱，民众自救组织得井井有条，政府的应急救援措施也很快都能到位，而这一切的前提无不在于未雨绸缪。社区自救组织在平时便有防震演练，政府的救灾行动更是在一次次灾情中得到完善，至于民居中那些看似不起眼的防灾措施，如应急灯，如大立柜都固定在墙壁上等，这一切都是值得我们借鉴的。

台湾地震

在台湾省台南市我所见到的爱国主义教育

曾博文

很多人去过台南孔庙，很多人没去过"泮宫石坊"；很多人知道台南孔庙，很多人不知道台南的"泮宫石坊"；很多人以为额题"全台首学"的大门就是出入台南孔庙的大门，很多人不知道"泮宫石坊"才是原来进入台南孔庙的大门！

我之所以知道此事，是因为参观台南市孔庙那天，"忠义国小"的老师正给学生介绍"泮宫石坊"的历史……

台南孔子庙

台南孔子庙在明永历十九年（公元 1665 年）由参军陈永华提倡建造，并设国学，从此教化养育学子，开启了台湾省儒学之先。

泮宫石坊

孔子庙大门正前方有座"泮宫石坊"，是乾隆四十二年（公元 1777 年）台湾知府蒋元枢所建，目的是为要进孔庙前，须先经泮宫石坊而进入大成坊，再进入庙堂。"泮宫"代表郡县之学，而牌坊本身则有表彰（孔子）之意，立于东大成坊外，原是旧时孔庙最外的出入口。可惜日治时开辟南门路，将石坊与孔庙隔开，原有功能遂逐渐被人们淡忘，许多人甚至不知道那是孔庙的附属建筑。

"忠义国小"的教师解说

石柱背面有一副对联："参两大以成能，时行物生，无私化育；综六经而垂教，礼门义路，不过范围。"其中，"能"字和右边石柱上部都有子弹的痕迹，那是日本侵略者留下的罪证！

我留意到了小学教师的爱国解说，注意到了日本侵略的罪证。你去参观台南孔庙时，是否也注意看看"泮宫石坊"？

台南孔子庙

风雨见证同胞情

朱金鑫

大陆旅行团登机后，在机舱内留下的难忘记忆。

2006年6月6日，由哈尔滨市香坊区14人组成的台湾观光团，在阿里山旅游时遇到了罕见的暴雨，暴雨引发山体滑坡，强大的泥石流使旅游团所在的酒店与外界的交通、通讯、电力联系全部中断，成为一座"孤岛"。在受困的3天2夜里，14名哈尔滨游客经历了人生中从没有过的灾难，更感受到了两岸同胞间血浓于水的深情厚谊。对于这段经历，旅游团成员之一，民革哈尔滨市香坊联合支部副主委于兴全至今还记忆犹新。

连降豪雨陷入困境

旅行团6月4日抵达台北，按照行程安排，在市区观光2天后，6日午后由台湾中华情旅行社带领进入阿里山，准备到南投县东埔村温泉游玩。下午两点他们乘车刚进山，天就下起了大暴雨（当地人称为豪雨，这种雨一下七八天，最多时能下一个月）。仅仅二十多分钟，前方就发生泥石流，道路塌方许多车辆受阻。车辆绕行近3个半小时，比原计划超出两个多小时才到达阿里山腰的东埔村温泉区的帝纶酒店，准备第二天一早下山去日月潭观光。7日早，当他们准备出发时就接到当地观光局的通知，南投县新义乡多日的豪雨，引发山体滑坡，泥石流将下山的唯一的桥梁冲断，要想修复至少需要五六天时间，他们只能滞留在山上。而且从酒店的电视新闻中他们得知，豪雨引发的泥石流面积很大，离他们居住的酒店仅有几公里，而且随着降雨的持续位于山腰的酒店也岌岌可危。就在他们议论电视新闻时，酒店突然停电，一切电器都停止使用。紧接着电话也随之中断，由于处在山里，手机无法使用，他们与外界彻底失去联系。

同胞援手渡难关

由于食品都是从山下运来，酒店为维持近200游客和工作人员一周的生活，除第一天饭菜按标准配备外，第二天蔬菜明显减少，第三天只供应干菜。哈尔滨游客由于没有准备，只随身带少量小食品，很快吃光。此时同在帝纶酒店来阿里山度假的还有两个台湾旅游团队，他们是单位组织的自助旅行，所带食品比较丰富，当他们得知情况后就将拿出酒和食品招待哈尔滨客人。酒店自行发电，每天只在三顿饭的时间供电，空调无法使用，加之缺少御寒长袖衣服，有的哈尔滨游客开始烦躁不安，导游黄小姐就组织他们搞联欢，讲笑话，许多台湾游客到过哈尔滨，他们就和哈尔滨游客畅谈起哈尔滨的冰灯、太阳岛等，用乡情、乡音度过漫漫长夜。

援救到来大陆同胞优先

经过漫长而艰难的 3 天 2 夜，9 日观光局派直升机营救被困游客，因酒店建在半山腰，没有停机坪，所以客人要走到山下一所小学的草坪上，在下山过程中，旅游车司机宋先生，人长得瘦小，戏称自己为"小蚂蚁"，义不容辞地帮游客背包，多次往返，每次身上都有五六个背包，不言劳苦。9 时第一架标有"空中勤务总队"的双引擎直升机降落在小学操场上。此次实施营救的共有 4 架直升机，3 架是单引擎飞机，可坐 10 人，只有这一架是双引擎飞机可坐 20 人，安全系数相对较高。在大家离心似箭之中，150 多名台湾同胞主动让开道让大陆的哈尔滨游客先行登机。最后这架飞机载着 14 名哈尔滨游客外加台湾团 4 名老年人 2 名导游起飞了。飞机在连绵起伏的阿里山中穿行，俯瞰之下看到洪水有的像瀑布从山涧飞泻而下，有的似黑色狂龙夹杂着泥石流瞬间吞没大量民房、公路和桥梁，很多哈尔滨游客眼中含满泪水，是劫后余生的喜悦、庆幸，更是危难时刻同胞间血浓于水的盛情厚谊。

血浓于水

苗华蔼

新竹车站的汶川地震赈灾募捐现场

常言道：血浓于水。什么是血浓于水？血浓于水就是亲情，是血缘相连的亲情，这种亲情越在危难时，体现得越充分，掺不得水分，掺不得假，是自然的流露。

今年4月份家兄邀请我到台湾去。我们兄弟多年没见面，十分想念，年纪都大了，难得见一次。侄儿们在台湾都很成功，我很高兴，也很想见见。最主要的是想实地看看令我多年梦牵魂绕的祖国宝岛——台湾。

汶川地震后的第三天，我在女儿的陪伴下踏上了台湾的土地，亲眼目睹了这种浓于水的民族之情，血缘之情，我的心在颤抖，眼在流泪，女儿则用相机记录了这一次次场面。

我在台湾的那几天，汶川地震给台湾带来了巨大的震动，媒体上连篇累牍，电视上昼夜不停，人们流露出的完全是真挚的感情，不分党派，不分颜色，一样的焦急，一样的悲痛。汶川地震是人们交谈的中心话题，我实在看不出有人在幸灾乐祸。

短短几天我们走了几个地方，所到之处看得最多的是人们在车站、游乐场、大商店等人员集中的地方，有组织地在赈灾募捐。这些人员感情是真挚的，情绪是热烈的，令人感动，我女儿用相机拍下了几个感人场面。在台北车站我女儿拍着拍着，受到感动，情不自禁，跑到募捐人员的面前，问人家，我没有台币，人民币你们要不要？人家马上告诉她，什么币都可以。我女儿立刻把身上所带的几百元人民币交给了募捐人员，在海峡对岸表达了自己对灾区人民的心意，这个过程都没有来得及和我商量，那么自然。此情此景说什么好呢，只有眼泪能表达，两岸本是一家人，在哪里捐都一样，要问什么是血浓于水，这就是。

我们看到的只是赈灾募捐场面的一点点，几十亿的募捐款一点点汇集起来，又在极短的时间送到急需的灾民手中需要多少人的真情付出，这是何等浩大的工程，这又有多少感人的故事，不是一家人怎么可能做到？这就是两岸统一的基础，这就是真正的民意，是任何利刀也斩不断的亲情。

原乡人的故乡

杨哲安

2009年春节期间，我与好友来了一趟美浓之行。下图中旁边是我的死党林鹏原（右），他是客家人，美浓是他的故乡。高雄县美浓镇是台湾最典型的客家庄。台湾客家人早先是来自大陆广东沿海，而最早的发源地是中原河南。客家人简朴、勤劳，工作努力，对子女的教育相当重视，因此在众多行业中都有很好的表现。日据时期有一位很有名的客家文学家——钟理和，他的故乡就在美浓。他写了一本很有名的文学集——《原乡人》，美浓人以他为傲，所以也称美浓的客家人为原乡人。美浓是台湾很著名的烟叶产地，所以在美浓可以看到一大片的烟叶田。近年来台湾各乡镇公所推动休闲农业，鼓励农夫在休耕时可将农地做休闲农业使用，美浓烟农就利用农地休耕时，在整片的烟叶田中大量种植波斯菊，一方面开花时大面积的花海可以美化环境，另一方面在花凋谢之后，还可以成为绿肥。近年来美浓花海是春节游客首选之地，常常造成人山人海，道路壅塞。照片后为一家教授儿童画的教室，配合屋前的波斯菊，将自家墙面做了美观的涂鸦，让人有置身仙境的感觉。

鹏原是客家人，我祖父是随着蒋介石撤退至台湾的外省人，看起来是很不相关联的两个族群，但我们成了无话不谈的好朋友。我的祖籍在大陆，客家人也源自于中原，在台湾是先来后到的关系。在春节后的一段大陆之行，我深切地体会到两岸是密不可分的，不论是在历史上，或是在语言上，甚至在情感上，都是相互牵连的。我永远不会忘记我祖父在两岸开放后，回到他朝思暮想的家乡时，看到他亲妹妹，就是我的姑婆时泪流满面的照片。我衷心期待鹏原与我能成为一辈子的好朋友，同样也衷心期待两岸的发展能像我们两个人的关系一样，从陌生到熟悉，渐入佳境。

作者与友人林鹏原（右）

埔里 "绍兴酒宴"

刘亚平

台湾省南投县的埔里镇，因地处台湾岛的地理中心而远近闻名。埔里风景秀丽，气候宜人，土地肥沃，物产丰富，其中最著名的特产就是绍兴酒。埔里绍兴酒是由当地山泉精制而成，是台湾酒中的佳品，更是人们喜庆宴客桌上的美味。绍兴酒原本是浙江的特产，自古是酒中佳品，台湾埔里绍兴酒与浙江绍兴酒一脉相承，最早在这里酿制绍兴酒的就是来自浙江绍兴的周氏兄弟。

大概100多年前，绍兴府黄岩县人周炳文、周景山兄弟来到台湾。在南投县埔里镇，他们发现这里不仅山清水秀，而且山泉清澈甘美，堪比家乡的鉴湖水。他们便尝试着用这泉水酿制黄酒，酿出的酒黄亮有光，酒性温和，香气浓郁芬芳，口味鲜美醇厚，与家乡的绍兴酒可有一比，故也唤做"绍兴酒"。此后，周氏兄弟在埔里镇定居下来，他们的酿酒技术世代流传。

埔里人不仅酿制"绍兴酒"，而且用绍兴酒制作了各类美食。像"绍兴冰棒"、"绍兴不老蛋"、"绍兴蛋糕"、"绍兴香肠"等，都加入了"绍兴酒"，因此酒香浓郁，异常好吃。"绍兴宴"，酒做的宴席，更是集美味

埔里绍兴酒宴

之大成。绍兴宴上菜肴丰富，都是选用当地的特产精烹细制。其中"绍兴酒醉大虾"，可说是绍兴宴的经典菜肴。一盆肉质肥美的大虾端上桌来，主厨亲自打开一瓶绍兴酒，当众倒入盆中，顿时酒香扑鼻，以解海鲜之腥，味道更醉人。我和老妈参加赴台旅游首发团，在埔里镇金都饭店享受了独特的绍兴宴，亲口品尝了这道佳肴，真是让人心醉。

慈母桥

刘亚平

在游览台湾中部的太鲁阁公园时，一座红白相间的桥梁坐落在绿色的山谷中，格外醒目。这就是著名的慈母桥。它位于天祥景区以东三公里处，也是立雾溪与著西溪的交汇处，故又称此地为"合流"。慈母桥利用花莲的特产大理石材修建，洁白中透着庄严之美，红色的钢梁腾空架立"合流"之上。慈母桥不仅以其传统中国风设计，更因此桥的命名，成为中横公路众多桥梁中相当引人注目者。

1956年台湾当局决定修筑"横贯东西公路——中横公路"，由蒋经国先生负责。这条公路沿线的地质条件十分复杂，修建异常艰难。一次，蒋经国在视察施工现场时，来到一处山间的桥梁工地，听当地人讲了一段流传已久的故事。

这条山涧上原有一座木桥，相传有母子二人在桥头生活。一天，儿子出去打猎，母亲对他说，儿啊，娘就在桥上等你，娘盼着你回来。儿子走了，母亲就在桥上等候。这时山洪下来了，冲到桥下，水渐渐漫过桥面，母亲站在那里没有离开；水淹没了母亲的脚脖子，她还是没有离开，一直站在桥上望着儿子回来的路；洪水渐渐淹到母亲的腰，淹到母亲的胸，她仍然守候在桥上，一直向着儿子回来的方向望着；最后，洪水无情地将母亲卷走了。

蒋经国先生听完这个故事，非常感动。他把这座新修的公路桥命名为"慈母桥"，还题了字。"慈母桥"原桥建成于1959年，桥宽5.1米，全长77米，为钢筋混凝土桥。不料，1990年秋，遭特大台风洪流，原桥被冲毁。台湾公路局为配合景观及交通需要，遂于原桥下游30米处，重建一斜拉钢桥。每每游人从桥上走过，就会看到高高的红色钢梁上，蒋经国先生亲笔题写的"慈母桥"三个大字熠熠生辉，而当我们听了关于这个桥的故事后，更是为之感动不已。

慈母桥

亲历台湾 "3·22大选"

马桂莉

2008年3月22日台湾进行了4年一度的"总统大选"，国民党籍候选人马英九、萧万长高票当选，成为台湾地区新一届领导人。

"大选"时我正在台湾大哥家探亲，亲眼目睹了这次选举的过程及结果。马英九最终的得票率为58%，在全台湾21个县市中，马英九赢了16个，在其他5个县市则以微弱劣势败北，这5个县市分别是高雄县、屏东县、云林县、台南县、嘉义县，都属于南台湾地区。

我大哥是选区的监票员，选举当天起了个大早，不到7点就赶到了当地的投开票站，投票时间是早上8点到下午4点，4点以后开始验票唱票。马萧从一开始就保持领先，随着开票越来越多，马萧的优势越来越大。一个小时后，马萧已经超过对手100多万票，马英九竞选总部内外洋溢着胜选的欢快气氛。当马萧得票达到700多万票时，总部正式宣布胜选，现场群情激昂，焰火齐飞，欢呼声、汽笛声不断，人们挥舞着各种旗帜，不少人喜极而泣。

随后马萧团队从台北开始到各地谢票。3月25日在台大医院礼堂召开了"台北市感恩茶会"。我有幸和大哥参加了这次大会。几位国民党地区党部的主委发表简短讲话后，马英九入场了，他身着蓝色汗衫、牛仔裤，显得很朴素。他和夹道的代表一一握手，全场欢呼。马英九走到台上，向大家深深鞠躬。他说：感谢大家的支持，……国民党一定从感恩出发，从谦卑做起……

因谢票行程安排很紧，马英九简短讲话后代表们即分批上台与他合影。我也有幸上台和马英九一起合影，留下了这张珍贵的照片。

后排右起第七人为本人，前排右七为马英九。

诗情花艺

许国跃

在我家，有一张珍藏了5年之久的插花艺术展请柬。每每翻看这张请柬，如诗如画般的花艺场景总在我眼前萦绕……

记得那时2005年春季，我跟随民革中央朱培康副主席一行6人，应邀参加台湾"中华花艺文教基金会"主办的"诗情花意"——2005年中华插花艺术展。

这是我平生第一次去台湾，阿里山的涛声、日月潭的美景、垦丁的海风、台北小吃的美味、台湾同胞的热情统统给我留下了美好的印象。然而，给我留下的印象最为深刻还是参加"诗情花意"插花艺术展。

在开幕式的头天晚上，主办单位给我们每人送来请柬。当我打开请柬一看，一帧典雅而精致并印有插花主题——"诗情花意"的请柬映入我的眼帘：简直太美了，那仿佛不是一张请柬，而是一幅美轮美奂的艺术品，让我对明天插花艺术展抱有一种急切的期待。

果不其然，第二天的"诗情花意"插花艺术展盛况空前，台湾历史博物馆各馆几乎摆满了花艺协会总会及各地分会选送的插花作品。台湾各界贤达及夫人出席了开幕式，黄永川理事长及朱培康副会长分别代表"中华花艺文教基金会"和"中华中山文化交流协会"在开幕式上发表讲演。而后身穿青蓝色粉边衣着的女花艺师在台上一边吟唱台湾歌谣"三潭映月"、"采茶调"、"摇囡仔歌"，一边根据主题现场表演插花。特别是"摇囡仔歌"插花作品的表现，伴唱的女花艺师音调凄楚委婉："摇子日落山，抱子金金看，你是我心肝，惊你受风寒"；插花的花艺师在吟唱的曲目中，以言简意赅的花艺造型，表达了做父母望子平安长大的诉求。她们台上精湛花艺的表演，博得全场阵阵掌声。

随后，我们在黄永川理事长的陪同下到各个展厅观看插花作品展。花艺作品疏密斜正，各具特色，充分展现了当代台湾插花艺术水平。黄永川理事长说：传统的插花艺术以富有诗情画（花）意的作品为上品，以花草为媒介，透过其象征寓喻以表达其内涵，诗情的表达绝不仅仅止与外像的形色，也就是中华花艺重意趣而轻形色的原因。

是啊，中国人自古以来就有着天人合一、自然和谐的思想。常常把不会说话的花草赋予人的生命与感情，就连枯木、顽石也有它的生命意义。可谓是"花能解语还多事，石不能言最可怜"。此时的每一朵花、每一花枝在我们看来都有极富诗情花意特别的含义。

中华插花艺术源远流长，博大精深。台湾的插花艺术通过吸取中华传统插花艺术的养分，不断丰富和发展了中华插花艺术，成为中华花文化重要的组成部分，是中华花文化一枝绚丽夺目的奇葩。近10年来，"中华中山文化交流协会"与台湾"中华花艺文教基金会"通过以花为媒、以花会友的方式积极开展两岸插花文化交流和人员往来，渐以成为两岸文化交流的品牌并不断发展壮大。

诗情花意，花意诗情，这张精美的请柬我将永远珍藏……

2005年春季，作者（右一）跟随民革中央朱培康副主席一行6人，以"中华中山文化交流协会"的名义应邀参加台湾"中华花艺文教基金会"主办的"诗情花意"——2005年中华插花艺术展。

宝岛遍真情 "杰青"伴我行

董　辉

民革中央李惠东秘书长率团赴台参访，在台南期间，历届"杰青团"成员陈惠名、张立齐、吕协翰、朱清铭赶来与我们相聚。

直航的班机还在桃园机场缓缓滑行，刚刚开启的手机中拥挤着的十几条短信，像顽皮的孩子般携带着一个个盛情的邀约，欢唱着、争抢着逾越而出。这是宝岛台湾对我们的第一声问候。这些信息的主人拥有一个共同的名字——"杰青"。

2004年以来，民革中央先后举办的七届"台湾高校杰出青年赴大陆参访团"（简称"杰青团"），使我们结识了台湾数十所高校的近二百位优秀青年，"杰青"二字便成为他们的殊荣。我们短短十天的宝岛之行，也因为有了"杰青"的相伴而留下一段段美好的记忆……

相约阿里山

重重薄雾下透迤的山峦，蒙蒙烟雨中参天的神木，还有在密林中时隐时现的仿佛是从童话王国驶来的小火车共同构成了阿里山印象。与之共同留在我们记忆深处的，还有两位"杰青"的身影。他们是就读于台南艺术大学的吕协翰和中正大学的黎煜萱。两位同学冒雨驱车，行驶了近四个小时的山路与我们相约而至。衣衫单薄的

他们，手中顾不得撑伞，却提满了为我们准备的土特产。难得的重逢使我们有太多的话语要彼此倾诉，而这短暂的相聚又岂能容纳得下。匆匆而来，又依依而别。阿里山盛开的樱花丛中，两个年轻的背影循着小径渐行渐远，留下的是至真至诚的友情。

相伴台南

历史赋予台南古城的厚重感是开台孔庙中层叠的匾，是安平古堡上盘绕的藤，是赤嵌楼前排列的碑。当然，对于我们，台南还有早已相约而待的众多"杰青"朋友。年轻人聚在一起，不需要寒暄与客套，寻一株大榕树席地而坐，品着正宗的珍珠奶茶，评古论今，好不痛快；围拢在小吃店里，伴着台南特有的"棺材板"和"虾肉卷"的美味，谈天说地，好不热闹。青脊廊檐下、欢声笑语中，台南留给我们的记忆是古城沧桑与学子青春的完美融合。

相聚台北

在台北，50多名历届"杰青"为我们举办的盛大餐聚，把我们的台湾之行推向了高潮。大家簇拥在一起回顾往事、畅谈理想，久别重逢的喜悦汇聚成此起彼伏的欢笑声。几年来，"杰青"队伍中走出了一批批出色的学者、医生、工程师和音乐家，还有正在准备参选县、市议员的青年政治精英，他们的成长和发展不仅是台湾，更是两岸未来共同的希望所在。"来自不同的地方，怀抱不同的志向，杰出青年齐聚一堂，诉说未来的展望……"在这悠扬的团歌声中，我们共同祝愿"杰青团"这个两岸优秀青年心相映、情相系的精神家园，将以更具活力和更加丰富多彩的姿态汇入两岸大交流、大合作、大发展的时代洪流！

"杰青团"团歌

自 2004 年开始，民革中央与台湾海峡两岸人民服务中心合作，组织开展了台湾高校杰出青年赴大陆交流参访活动，至今已七届。2008 年，历届台湾高校杰出青年在台湾发起成立了中华杰出青年交流促进会，致力于海峡两岸青年的交流交往。这两首歌曲分别作为中华杰出青年交流促进会会歌和第七届台湾高校杰出青年赴大陆参访团（简称杰青团）团歌，在"杰青团"团员中，广为传唱。表达了"杰青团"团员勇于追求真理，积极探索，不断进取，为实现自己的理想和抱负而努力奋斗的精神。

中华杰出青年交流促进会会歌

词／曲：第六届"杰青团"辅导员　张建斌

来自不同的地方　怀抱不同的志向
杰出青年齐聚一堂　诉说未来的展望
在这辽阔的土地上　我们尽情地徜徉
河流为我们欢唱　青山为我们回响
不管未来有多漫长　无论前程是否茫茫
心中紧握着方向
大步迈向大道康庄
拥有锐利的眼光　前瞻自己的理想
杰出青年昂首起航
展翅翱翔　等待大放光芒

第七届台湾高校杰出青年赴大陆参访团团歌

词／曲：第七届杰青团团员　吕协翰

我将展翅　飞向未来
我将辛苦　视为宝藏
太阳下山　还是会再上来
花儿谢了　还是一样的开
我将展翅　飞向未来

中华杰出青年交流促进会会歌词曲作者张建斌

梦已升华　不留原处

"杰青"的呼唤　如涛唤醒浪

我将腾空啸　飞跃千古的阻碍

让我们一起高飞　梦想在你左右

让我们一起飞过　年少无知迎向未来

让我们一起高飞　飞过郁郁森林

浩瀚江川　荒芜沙漠　我将展翅

飞向飞向飞向　崭新未来

第七届"杰青团"团歌词曲作者吕协翰

在台北圆山大饭店，民革中央联络部部长郑建邦与历届部分"杰青"团员欢聚一堂

111

我是台湾人，也是中国人

2009年3月23日—27日，应民革中央邀请，国民党原中常委、陆军上将许历农率领新同盟会、台湾海峡两岸和平统一促进会、中国统一联盟联合参访团来京访问。3月25日晚，民革中央与新浪网联合邀请参访团团长许历农、副团长郭俊次、王津平，及台湾文化界名人司马中原先生和张麟徵女士，做客新浪网"名人访谈"节目。该节目是"台湾记忆系列活动"的重要组成部分。访谈视频一经播出立即引起了广大网友的关注，几天内就收到来自全国各地和海外的回帖900多件，网络点击率高达150万次。在回帖中，广大网友对此次访谈给予了高度评价，并对几位受访人士的爱国情怀表示高度赞赏和敬重，同时还表达了他们高度的爱国热情和对祖国和平统一的殷切期待。现就此次访谈及网友回帖摘要如下：

许历农：当时我讲李登辉是"台独"的时候，国民党很多人都在骂我，说我是个人恩怨来诽谤李登辉。当时说这个话的人很多，让我百口莫辩。等到李登辉真正暴露出他"台独"的言行，公开正式地进行"台独"活动后，我说好在我和李登辉两个人都很长寿，终于等到今天的真相大白。曾有一首诗说得好，"周公恐惧流言日，王莽谦恭未篡时"，周公辅佐幼王，都讲他要篡位；王莽是篡位的，但是王莽在没篡位之前对人非常谦恭、非常礼貌。下面是"向使当初身便死，一生真伪复谁知"，如果当年就死掉的话，一生真伪有谁知？我当时的心情就是这样。我讲这个话的时候，心里非常高兴。

谈到3月13号温家宝总理讲话，许历农说道："我非常感动，我也非常欢迎，好喜欢他。而且在四川救灾的时候他也很真诚，他的爱心很受台湾人的肯定。"

郭俊次：我为什么走这条路？（指海峡两岸关系和平发展，推动祖国和平统一之路）我不是傻瓜。大家都说我这个人是傻瓜，有官不当要丢官，有官不做要拒官，在那边做沙门苦行僧，很多人不谅解我。我走这条路是带有使命感的，我是一个读书人，我是一个有使命感的

国民党原陆军上将许历农接受新浪网独家访谈

台湾海峡两岸和平统一促进会会长郭俊次

人，我一生一定要好好做点工作，在中华民族的历史上要留点档案。

王津平：从他(编者注：丘逢甲之子丘念台)身上我也感受到了不可言宣的一些爱国的东西，尤其是丘逢甲"夜夜梦台湾"那样的诗句。还有很多台湾同胞到祖国大陆去抗日，命都可以不要，回来有官做也不要做官，只想把被殖民过的台湾同胞怎么教育成中国人。像这些可歌可泣的故事，是我一辈子的动力，就这样一直驱动我做事情。

台湾中国统一联盟主席王津平

张麟徵：我觉得台湾的这种认同的错乱，特别要说在台湾的人，你只准有一种认同是错误的，我们每个人都可以有很多种认同，我是上海人，但是我也是中国人；

台湾大学政治系教授张麟徵女士

我是重庆人，我也是中国人。所以，我是台湾人，为什么我们不能是中国人呢？

司马中原：文化不需要统一，它本来就是统一的。所以，我今天就跟一些领导谈，我们早就如一家人了，我来大陆也很多次了，我也是共饮长江水的人，见到你们像家人一样，一点陌生感都没有。所以，文化是水，文化是风，是春风、流水，不可以用一种暴力去剪断它。

台湾著名作家司马中原先生

网络回帖摘登：

辽宁："可敬的老人，可爱的中华。很感动。"

广东："拿生命做这样一种有惠于后代的事，是多么受人尊重啊！祝愿三位可敬的老人长命百岁!!!"

上海："是啊，我们都是中国人，不要因为政治上的分歧就互相残杀让外人看笑话。希望有一天大陆和台湾能够真正的统一，共同完成中华民族的伟大复兴。"

"同是炎黄子孙，同根同源两岸是兄弟，别忘手足之情，共担中华民族复兴重责。"

山东："真理是经得起时间检验的，想起国共前两次合作时，我们在各个层面上都有朋友，都有交流，现在这样的交流太少了、太可贵了。可喜的是我们正朝一个正确的方向上走，要有这样的胸怀与台湾各界人士交流，远大的目标一定会实现。"

2009年4月民革中央修福金副主席赴台湾访问期间与五位新浪网受访人士合影

陕西榆林："'台独'究竟对中华民族有什么样的危害，'台独'势力为什么在台湾拥有一定的影响，这是一个必须向全体中华民族、尤其是后代子孙讲清楚的问题。在讲清这个问题之前，必须先有一个立场，就是凡是中华子孙，无论是什么民族，什么党派，必须站在维护全中华民族利益的立场上讲话。"

吉林延边："只有两岸统一了,中华民族才真正复兴了!"

安徽池州："许老你好，家乡人想念你，你以前回来过，家乡人盼望你再回来看看，这几年池州发展得很快，变化很大。"

其他："中华民族爱国人士齐努力，祖国和平统一有望、成为崛起的世界强国有望。"

"老将军高瞻远瞩，可敬可贺！雁过留声，人过留名！是男人就应该有此理想！人届百岁皆寿死！只有历史留名才千古！"

"对你们的义举言行，我深怀敬意。你们是榜样，是中华民族的好儿郎。"

（摘自新浪网——新闻中心——要闻）

因为它有无限的可能

2009年2月11日，民革中央联络部部长郑建邦（右一）、台湾高校杰出青年大陆参访团秘书长冯国华（左二）、第七届台湾高校杰出青年大陆参访团团长陈长风（右二）做客新浪网谈两岸青年交流。

2009年2月4日，"第七届台湾高校杰出青年参访团"应民革中央邀请抵达广东珠海，拉开了为期11天的大陆参访活动帷幕。此次参访团成员共35人，来自台湾24所高校。参访团先后赴广州、郑州、安阳、洛阳、登封、北京等地参访。

2009年2月11日15：30，民革中央联络部部长郑建邦、台湾高校杰出青年大陆参访团秘书长冯国华、第七届台湾高校杰出青年大陆参访团团长陈长风做客新浪网谈两岸青年交流。以下为访谈摘要：

郑建邦：第一届"杰青团"2004年开始。这几年"杰青团"的历程也见证了两岸关系发展的历程。在当时两岸关系还处在一个相对比较紧张的僵持阶段，那个时候我们就感觉到两岸的青年、两岸的民众、特别是青年有必要加深相互的了解。基于这种理念，我们就和国华小姐，一起商量发起了这么一个台湾高校杰出青年大陆参访团的活动，我们邀请了在台湾100多所高校当中的学生领袖们，每次组织三四十人到大陆来参观访问、拜会，至今已七届，通过这些使两岸的青年相互有了更多的接触机会，加深了了解，也形成了很多的共识。今天两岸关系能够有这样一个让人高兴的局面，包括两岸的青年朋友们，特别是台湾高校杰出青年朋友都做出了辛勤的努力。

冯国华：之前有团友曾经说过这样一句话，他说"杰青团"的人脉够用一辈子。它不仅仅是本身在团里，十几天朝夕相处的感情；他同时也是在大陆认识了很多好朋友，接下来有朋友来访或者他们再从台湾来拜访，来旅行，都给他们人生创造了极大的可能。这一点对于不论是大陆青年还是台湾青年，都在心中埋下了和平的种子，这是最有意义的。

陈长风：大陆最吸引我的，其实就是刚才所提到的，我们有共同的文化、共同的说话方式、共同的语言等。其实大陆最吸引我的还有它的大，广大的市场和广大的可能、广大的机会，这都是促使我为什么一次又一次来到大陆，来见识大陆的改变。这个变不管是台湾，还是大陆的年轻人，是全世界的年轻人都会一起见证的，这是我对大陆最感兴趣的一个地方，因为它有无限的可能。

（摘自新浪新闻中心——台湾记忆专题）